Melanie Wolfers

Freunde fürs Leben

Melanie Wolfers

Freunde fürs Leben

Von der Kunst, mit sich selbst befreundet zu sein

adeo

INHALT

Erstes Kapitel

ZWISCHEN FREUNDSCHAFT UND FEINDSCHAFT

1. Ohne Rücksicht auf Verluste

„Ich weiß nicht, was ich tun soll!", sage ich mit tränenerstickter Stimme zur Therapeutin. Meine Hand drückt bereits die Türklinke nieder, um zu gehen, als meine Not und Ohnmacht sich in diesen Worten Bahn brechen. Die Therapeutin schaut mich schweigend an und antwortet mit ruhiger Stimme: „Ich habe den Eindruck, Sie spüren sehr deutlich, was Sie wollen." Die Tür des Sprechzimmers schließt sich leise hinter mir. Ich bin mir selbst überlassen. Und ich bin zu mir selbst entlassen. Denn dieser *eine* Satz leitet eine Wende ein.

Gemeinsam mit Kolleginnen hatte ich zwei Jahre zuvor mit leidenschaftlicher Überzeugung ein Projekt initiiert. Es entwickelte sich so gut, dass wir unsere berufliche und persönliche Lebensplanung ganz darauf abstimmten. Führende Leute aus verschiedenen Institutionen unterstützten uns und eröffneten ungeahnte Möglichkeiten. Doch in mir breitete sich eine latente Unruhe aus. Weil zu der Zeit alles noch optimal lief, nahm ich mein Unbehagen lange nicht wahr. Und ich *wollte* die leise warnende Stimme auch gar nicht hören! Dank meiner täglichen Meditationszeit und meiner seelsorgerlichen und therapeutischen Begleitung kam jedoch der Tag, an dem ich der Tatsache ins Auge schauen musste: „Ich habe den Glauben an unser Projekt verloren und sehe keine Zukunft." Mit diesem Eingeständnis mir selbst gegenüber begann ein monatelanger innerer Kampf.

„Melanie, du bist die treibende Kraft im Projekt. Da kannst du doch nicht einfach aussteigen! Willst du wirklich deine Kolleginnen im Stich lassen? Und all die wichtigen Leute enttäuschen, die auf dich, auf euch und euer Projekt bauen?", sprach es in mir. Eine andere Stimme mahnte mich eindringlich, bei den ersten Schwierigkeiten nicht gleich das Handtuch zu werfen, sondern die Krise durchzustehen und Begonnenes zu Ende zu führen. Dann saß mir wieder die Angst im Nacken, dass ich gerade eine riesige Chance vergebe. Wer weiß, ob mir das Leben jemals wieder solche Bälle zuspielt... Und kritisch fragte ich mich: „Lasse ich mich stärker von Angst und Misstrauen leiten statt vom Geist des Vertrauens? Schaue ich zu sehr auf mich und meine begrenzten Möglichkeiten, anstatt mich der unbegrenzten göttlichen Weite zu öffnen?"

Mit solchen inneren Dialogen stellte ich mich monatelang selbst infrage. Oft suchte ich wie getrieben bei anderen nach Antworten. Ich hoffte, durch Gespräche mit meinen Kolleginnen, mit Freunden und in der Beratung zu meiner früheren Klarheit zurückzufinden. Oder zumindest deren verständnisvolle „Erlaubnis" zu bekommen, aus dem Projekt auszusteigen. Doch nichts dergleichen geschah.

„Ich habe den Eindruck, Sie spüren sehr deutlich, was Sie wollen." Dieser Satz öffnete mir die Augen dafür, dass ich tatsächlich wusste, was ich zu tun hatte. Und ich tat es: Ich stieg aus dem Projekt aus.

Mit diesem Tag fiel der Druck von mir ab, der monatelang auf mir gelastet hatte. Ich fühlte mich wie eine nach langer Krankheit Genesende und meine Kräfte kehrten langsam zurück. Und als ich eines Tages hörte, wie ich fröhlich vor mich hin summte, schluckte ich unwillkürlich vor Dankbarkeit: Ich fühlte mich wieder wohl in meiner Haut. Ich war zu mir zurückgekehrt. Ich war in mir daheim.

Wenn ich heute auf diese schweren Jahre zurückschaue, durchzuckt mich immer noch ein Schmerz: Warum habe ich damals nur so hart und rücksichtslos gegen mich selbst gekämpft und mich dabei regelrecht zerfleischt? Zugleich sehe ich dankbar, was mich diese Zeit gelehrt hat und bis heute lehren kann. Vor allem aber begann ich mich aufgrund dieser Geschichte und vieler anderer persönlichen und beruflichen Erfahrungen brennend dafür zu interessieren: Warum sind wir Menschen uns selbst gegenüber so feindselig eingestellt? Wie können wir besser mit uns klarkommen? Ja, wie können wir uns mit uns selbst befreunden? Dies wäre ziemlich sinnvoll, denn schließlich sind wir *selbst* die Person, mit der wir es ein Leben lang aushalten müssen.

2. Ziemlich beste Feinde

In meiner Tätigkeit als Seelsorgerin und Beraterin geht mir zunehmend auf, wie häufig wir Menschen uns selbst im Weg stehen oder ein Bein stellen. Und es ermutigt nicht gerade zu sehen: Jeder Aspekt des Lebens scheint genügend Zündstoff zu bieten, um mit sich, mit der eigenen Geschichte und den Umständen im Klinsch zu liegen. Es gibt nichts, was wir nicht auch ablehnen und bekämpfen könnten. Einige typische Beispiele:

Viele erleben ihren eigenen *Körper* als Fremdkörper, als eine Quelle von latentem Missbehagen, von Selbstunsicherheit oder auch von leidvollen Einschränkungen. Und selbst wer im Großen und Ganzen körperlich gut beieinander ist, an dem lässt der innere Kritiker oft kein gutes Haar, sobald es um das eigene Aussehen geht:

„Schau dir bloß deine Nase an!", stichelt er. Oder: „Wie fett du bist. Du ertrinkst ja fast in deinen Rettungsringen!" Manche ziehen es vor, ihren Körper gleich ganz zu ignorieren – und sabotieren dadurch sich selbst. Etwa wenn sie die Augen vor ihrem ungesunden Lebensstil verschließen und jeden Gesundheitscheck vermeiden, obwohl ihr Körper rebelliert.

Oder der *Beruf*: Da gehen manche begeistert in ihren Aufgaben auf – und irgendwann gehen sie in ihnen unter. Was als erfüllende Selbstverwirklichung begonnen hat, mündet in quälende Selbstausbeutung.

Auch lassen wir Menschen uns selbst im Stich, wenn wir uns durch die Angst verführen lassen, *Erwartungen anderer* zu enttäuschen. Mit der coolen Bemerkung „Kein Problem!" übernehmen manche Männer Dinge, die sie „eigentlich" nicht übernehmen können oder wollen. Doch eine Stimme im Kopf flüstert: „Steh deinen Mann! Ein echter Kerl würde das verkraften. Ist Mamas Süßer etwa schon schlapp?" Andere vermeiden zum wiederholten Mal, eine Sache anzusprechen, obwohl sie es sich fest vorgenommen haben. Denn eine Stimme im Innern warnt: „Rede bloß keinen Klartext! Du würdest die Leute total vor den Kopf stoßen. Halt also deinen Mund, lächle freundlich und nicke!" Ich selbst musste feststellen, wie stark ich mich in dem erwähnten Projekt bisweilen verbogen hatte, um Kritik und Unverständnis zu vermeiden und um Anerkennung und Zuneigung zu erhalten. Das äußerte sich etwa darin, dass ich das Letzte aus mir herauspresste und mich am Ende saft- und kraftlos fühlte. Und dass ich zu lange Zeit nicht umsetzte, wovon ich doch „eigentlich" überzeugt war.

Auch mit unseren *Vorstellungen von uns selbst* und wie unser Leben verlaufen soll, können wir Menschen uns unter Druck setzen oder – in Selbsttäuschung gefangen – an uns vorbeileben. So verliefen meine dem Projektausstieg vorangegangenen Monate auch deswegen so qualvoll, weil ich mich in meinen Vorstellungen von mir und meiner Zukunft verheddert hatte. Ich war mit unserer Unternehmung und meinem damit verbundenen Selbstbild verheiratet, und daher erschien mir ein Ausstieg als ein entsetzliches Scheitern. Nur langsam und mühevoll entpuppte sich dieser Schritt als ein Befreiungsschlag und als Treue mir selbst gegenüber.

Im Blick auf Idealbilder erschrecke ich immer wieder, wie stark unsere Kultur von einem *Lebensgefühl des Mangels* infiziert ist. Oft weckt der innere Datenabgleich zwischen Ist und Soll den Eindruck: „Ich bin nicht gut genug. Nicht erfolgreich genug. Nicht hilfsbereit genug. Nicht spirituell genug. Nicht … genug." Und wer dann noch beim Zubettgehen seine Liste abspult, was er alles nicht geschafft hat, wird missmutig einschlafen.

Weit verbreitet ist auch das *Leben im Konjunktivmodus:* „Wenn ich mehr Zeit hätte, würde ich … Es wäre eigentlich schön … Wie wäre es wohl, wenn …", so seufzen viele sehnsuchtsvoll. Doch eingeschnürt in die Zwangsjacke des Naheliegenden wird das Glück auf den Sankt-Nimmerleins-Tag verschoben. In ruhigen Stunden meldet sich freilich der heimliche Verdacht: „Ich selbst komme in meinem Leben kaum vor. Ich spüre keine Verbundenheit mit dem, was mir wichtig ist, sondern lebe irgendwie nur aus purer Gewohnheit."

Nicht zuletzt liegen wir Menschen oft mit der eigenen *Vergangenheit* im Streit. Unsere Geschichte hat sich in unsere Persönlichkeit eingeschrieben. Doch es gibt so manches, was wir vielleicht gerne ein für alle Mal durchstreichen oder ausradieren würden: Fehler, die ich mir selbst nicht verzeihen kann. Klaffende innere Verletzungen, die mir durch Eltern, durch den Partner oder die Partnerin zugefügt worden sind und die mich heute noch beeinträchtigen. Schicksalsschläge, die mir Freude und Leichtigkeit geraubt haben … Wenn wir uns mit unserer Geschichte auf Dauer nicht versöhnen, dann liegen wir mit uns selbst im Streit. Negative Gefühle und belastende

Erinnerungen mindern unsere Lebensqualität und das mögliche Glück des Augenblicks geht ungesehen vorüber. Ein ähnlich einengender Tunnelblick stellt sich auch leicht ein, wenn uns im *Hier und Jetzt* eine Situation stört; wenn wir uns immer wieder über jemanden ärgern oder sich etwas ganz anders entwickelt, als wir erhofft hatten.

Ob Sie das eine oder andere Beispiel aus eigener Erfahrung kennen? Oder fallen Ihnen andere Geschichten zur Beziehungskiste mit sich selbst ein – Geschichten, denen Sie zumindest nicht den Titel „Ziemlich beste Freunde" geben könnten? In diesem Fall würde es sich lohnen, diese Storys nicht gleich wieder auszublenden, sondern sie genauer anzuschauen. Denn erst dann können Sie Ihre ‚story' anders – erfüllender, sinnvoller – weiterschreiben. Vielleicht hat sich Ihr Leben aber auch auf den Kopf gestellt oder Sie stehen in einer Entscheidungssituation und fragen sich: „Worauf kommt es mir an? Will ich einen neuen Kurs einschlagen?"

Welche Motive Sie auch bewegen sollten, ich bin davon überzeugt: Sie tun sich selbst – und auch den Menschen, die mit Ihnen zu tun haben – einen großen Gefallen, wenn Sie Freundschaft mit sich schließen. Denn *Sie selbst* sind der Mensch, mit dem Sie vom ersten bis zum letzten Atemzug zusammenleben. Sie sind lebenslänglich, auf Gedeih und Verderb an sich selbst gebunden.

Aus diesem Grund läge es nahe anzunehmen, dass Sie und dass wir alle ein großes Interesse daran haben, die Beziehung mit uns selbst zu pflegen – und zwar in einer Art und Weise, dass wir gut mit uns klarkommen und uns in unserer eigenen Gesellschaft wohlfühlen. Doch gegenteilige Beobachtungen drängen sich auf: Oft bringen wir der Beziehung mit uns selbst wenig Aufmerksamkeit entgegen und vernachlässigen sie. Wir wollen möglicherweise gar nicht so genau wissen, wie es uns geht, und haben wenig Interesse, uns näher kennenzulernen. Ein ehrlicher, wohlwollender Selbstumgang hat offenkundig Seltenheitswert. So stimmt es mich nachdenklich, dass unsere Alltagssprache viele abschätzige oder feindselige Redewendungen kennt, etwa: „Ich könnte mir in den Hintern treten", „mich selbst ohrfeigen", „mir die Kugel geben". Positive Redewendungen hingegen tauchen kaum auf. Und kommt doch einmal ein wertschätzender Ausdruck daher wie „Ich könnte mir selbst auf die Schulter klopfen", dann klingt dies für viele befremdlich, denn „Eigenlob stinkt". Hören wir auf unsere Alltagssprache, in der sich die Erfahrung von zig Millionen Menschen niederschlägt, dann besagt diese: Es liegt uns offenkundig näher, uns selbst harsch oder verächtlich anzufahren, als dass wir uns gegenüber freundlich gesinnt sind und Wohlwollen entgegenbringen.

Was für ein Gebilde ist unser *Ich*, das hin- und herschwankt zwischen dem Empfinden, mit sich einverstanden zu sein, und das kurz darauf darunter leidet, dass es sich uneins und zerrissen fühlt?

Das *Ich* und das *Selbst* sind schlecht fassbar; fast jede und jeder stellt sich etwas anderes darunter vor. Ich will versuchen, Licht ins Dunkel des Begriffsdickichts zu bringen.

3. Das vielgesichtige *Ich*

Sie sind immer für Überraschungen gut! Oder entdecken Sie nicht manchmal auch ein Gesicht an sich, das Sie noch gar nicht kannten? Werden auf Neues aufmerksam, wenn Sie in den Spiegel der Selbstwahrnehmung schauen: auf Interessen, Eigenschaften oder Verhaltensweisen, die Sie überraschen und freuen. Da entdeckt eine Mittfünfzigerin, die seit einer negativen Erfahrung im Schulsport mit dem Dauerlauf auf Kriegsfuß stand, die Freude am Joggen. Oder jemand staunt über seine ungeahnte innere Stärke, wie etwa jener

Mann, der nach einer schweren Krise von sich sagte: „Ich bin gar nicht so ein Schwächling, wie ich bislang meinte! So viel Kraft und Willensstärke hätte ich mir nie zugetraut. Wer würde sich nicht über solche Überraschungen freuen?!" Wir stolpern aber auch über Befremdliches in uns. Manchmal entdecken wir Züge an uns, die wir lieber nicht unser Eigen nennen würden. Vielleicht haben Sie sich schon einmal nach einem lautstarken Konflikt kopfschüttelnd gefragt: „Was hat mich denn da geritten, dass ich so ausgerastet bin? Ich kenne mich selbst kaum wieder!" Oder ein Ihnen unsympathischer Kollege blamiert sich vor versammelter Mannschaft. Und Sie stoßen darauf, wie Schadenfreude in Ihnen aufsteigt und sich wohlig in Ihrem ganzen Körper breitmacht. Oder Sie freuen sich beim Aufwachen auf den Urlaubstag mit der Familie, und dann machen Ihnen irgendwelche eigenen Launen einen Strich durch die Rechnung – und wider Willen sind Sie sogar noch drauf und dran, auch den anderen die gute Stimmung zu vermiesen.

In solchen Erfahrungen zeigt sich: Wir haben *verschiedene Gesichter*. Einige kennen wir, andere nicht. Manche begrüßen wir freudig und manche übersehen wir lieber, verbergen sie vor uns und anderen. In den Überraschungen des Alltags drängen diese uns unbekannten Gesichter unserer selbst nach vorn. Sie bieten uns die Stirn und wollen gesehen werden. Doch damit nicht genug! Vielmehr fühlen wir Menschen uns bisweilen auch zerrissen. Wir wollen dies *und* wir wollen das genaue Gegenteil. „Zwei Seelen wohnen, ach! in meiner Brust" – lässt Goethe den Faust verzweifelt sprechen. Ich finde, da ging es Faust noch ziemlich gut! Wenn ich auf mich schaue, kommt mir manchmal eher der Seufzer in den Sinn: „Zig Seelen wohnen, ach! in meiner Brust", etwa wenn Vernunft und unterschiedlichste Gefühle sich in einer Sache so gar nicht einigen können. Oder wenn ich gerne auf drei Hochzeiten gleichzeitig tanzen würde.

All dies zeigt: Wir Menschen sind komplex. Verschiedene Stimmen leben in uns – und zwar alle gemeinsam unter *einem* Dach. Wie kompliziert so etwas sein kann, kennt jede und jeder aus dem Zusammenleben in Familie, Partnerschaft oder Wohngemeinschaft. Auch eine Ordensgemeinschaft – ich lebe in einer solchen – bildet da keine Ausnahme. Ähnliches spielt sich in uns selbst ab: Da schreien verschiedene Stimmen durcheinander, und alle wollen gehört werden. Wie kann jede zu ihrem Recht kommen? Wie kann man vermeiden, dass sich eine einzelne Stimme durchsetzt und die anderen mundtot macht? Wie können sich die verschiedenen Parteien friedlich um einen runden Tisch versammeln?

Vielleicht kann folgendes Bild weiterhelfen: Eine Bundesrepublik setzt sich aus unterschiedlichen Bundesländern zusammen mit ihren jeweiligen Traditionen, Werten und Tabus. Über Jahrhunderte haben einzelne Länder versucht, die anderen zu unterwerfen. Dies führte zu verheerenden Kriegen und verbrannter Erde. Die Gründungsidee einer Bundesrepublik verdankt sich der Vision eines friedlichen Miteinanders, einer Union, die auf demokratischen Spielregeln basiert. In einer parlamentarischen Kultur haben alle Mitglieder eine Daseinsberechtigung und dürfen, ja sollen ihre Stimme abgeben. Natürlich brechen ständig Interessenskonflikte auf. Doch das Entscheidende liegt darin, dass diese nicht durch einseitige Machtausübung „gelöst" werden, sondern durch Gespräch, Verhandlung, Kompromiss oder – im Idealfall – durch Konsens. Eine Einheit, ein Wir entsteht.

Analog sind auch wir selbst kein einheitliches Gebilde. Entsprechend kann es zu zerstörerischer Feindschaft, zu gleichgültiger Koexistenz oder zu einem kooperativen Miteinander zwischen den verschiedenen „Gebieten" in uns kommen. Was auf staatlicher Ebene als politischer Fortschritt angesehen und gefeiert wird, gilt auch für das Binnenland in uns: Der Weg vom unverbundenen

Flickenteppich verschiedener „Gebiete" hin zu Einheit und Integration lässt uns freier und friedvoller leben.

Eine demokratische Spielregel im Umgang mit sich selbst zu beachten bedeutet etwa, dass die verschiedenen Kräfte in mir das Recht haben, sich zu Wort zu melden und auch gehört zu werden. Alle haben eine Daseinsberechtigung: die körperlichen Bedürfnisse, die bunte Palette der Emotionen, das hartnäckige Fragen und Verstehenwollen und die Sehnsucht nach Sinn und Geborgenheit. In gleicher Weise kommt dem Fremden und Beängstigenden in uns ein Existenzrecht zu. Im Sinn einer parlamentarischen Kultur gilt es, darauf zu achten, dass sich in diesem Machtspiel keine Stimme dominant durchsetzt. Das passiert etwa, wenn jemand permanent beruflich auf der Überholspur dahinrast und seine Beziehungen und körperlichen Bedürfnisse links liegen lässt. Oder wenn wir uns selbst beherrschen (!) und unsere Gefühle unterdrücken, um nicht negativ aufzufallen.

Ein solcher Selbstumgang wirkt auf Dauer verheerend. Denn wo Unterdrückung ist, wächst immer auch Opposition. Macht korrespondiert mit Ohnmacht – und diese rächt sich irgendwann. Wir werden hingegen zufriedener und erfüllter leben, wenn wir die unterschiedlichen Interessen und widerstreitenden Kräfte in uns immer wieder neu austarieren. Wenn wir versuchen, sie in ein kooperatives oder gar in ein freundliches Verhältnis zueinander zu bringen.

Das sich verändernde Selbst

Das *Selbst* ist eine Instanz, die das gesamte *Ich* mit seinen verschiedenen Nuancen und Gesichtern im Blick hat. Mit einem Vergleich aus der Politik ausgedrückt: Wie eine innere Ratspräsidentin lässt das *Selbst* die diversen Stimmen zu Wort kommen und vermittelt zwischen ihnen. Es schlichtet Streit, versucht auch das Unbewusste mit einzubeziehen und trifft im Zweifelsfall eine Entscheidung.

Hier wird deutlich: Es gibt kein „wahres Selbst", welches unwandelbar im Menschen liegt und sich herauskristallisieren lässt. Natürlich prägen stabile Charaktereigenschaften uns Menschen. Aber es gibt kein „authentisches Wesen", das wir jenseits aller Rollen sind. Was uns ausmacht, ist vor allem die Art und Weise, *wie* wir mit uns und unserer Umwelt im Austausch stehen. Das *Selbst* bildet sich im Gespräch, das wir mit uns selbst und mit unserer Umwelt führen. Und weil Sie diesen Dialog führen, solange Sie leben, bleibt Ihr *Selbst* zeitlebens in Bewegung. Es kann weder auf den Begriff gebracht noch festgestellt werden. Sie selbst und das Leben sind immer für Überraschungen gut!

Vielleicht lesen Sie diese Zeilen und sind irritiert. Möglicherweise haben Sie dieses Buch zur Hand genommen in der Hoffnung, dass es Ihnen hilft, Ihr „eigentliches Selbst" zu entdecken und zu verwirklichen. Und dies aus gutem Grund, denn die Frage: „Wer bin ich denn wirklich?" bedrängt uns umso mehr, je mehr Möglichkeiten wir haben, ganz unterschiedliche Richtungen einzuschlagen. Was können Sie also von diesem Buch erwarten?

Sie werden zentrale Aspekte Ihres Lebens in den Blick nehmen und sich selbst erkunden. Vor allem aber werden Sie immer wieder Gelegenheit haben, sich zu fragen: „*Wie* stelle ich mich zu dem, *was* ich bin? Wer will ich sein, während ich mein Leben lebe?" Denn *wer* Sie sind, ist unendlich mehr als all das, *was* Sie sind; als das, was Sie besitzen und können, was Sie entbehren und erleiden. *Wer* Sie sind, erwächst daraus, wie Sie mit sich und dem Leben im Dialog stehen. In diesem Gespräch sind Sie einmalig und unvertretbar. Weder steht das Ergebnis im Vorhinein fest, noch gibt es eine Vorlage, die Sie nachsprechen könnten. *Sie* sind gefragt!

Ich bin davon überzeugt: Sie werden umso tiefer erfahren, wer Sie sind, je mehr Sie sich für eine spirituelle Sichtweise und Lebenseinstellung öffnen. Jeder Mensch ist spirituell begabt und kann erfahren: Ich lebe nicht allein aus meiner eigenen Kraft, sondern schöpfe aus tieferen Quellen. Ich bin aufgehoben in einem großen Zusammenhang, der mich und alles von innen her trägt. Ein Zusammenhang, der Liebe heißt. Die Bibel drückt dies mit den Worten aus: In ihm leben wir, bewegen wir uns und sind wir. (vgl. Apostelgeschichte 17,28)

Wer mit dieser Tiefendimension in Berührung kommt, erahnt eine grundlegende Beheimatung. Hier hat alles seinen Platz: der eigene Übermut und die Bedürftigkeit, die glänzenden und die glücklosen Stunden, der Lebenshunger und der Überdruss, wenn wir das Leben satthaben. Auch die Widersprüche, die uns manchmal zu zerreißen drohen und Feindschaft gegenüber uns und anderen säen, haben ihren Raum. In dieser inneren Heimat wird eine tiefe Verbundenheit spürbar mit uns selbst, mit anderen und mit dem göttlichen Geheimnis des Lebens.

4. Wege zu einer gelingenden Freundschaft

Trenduntersuchungen zeigen, dass die Bedeutung von Freundschaften seit den 80er-Jahren in Deutschland stetig zunimmt. Besonders hervorgehoben wird das starke Verantwortungsgefühl, das befreundete Menschen heute füreinander hegen.

Bereits im 4. Jahrhundert vor Christus betonte der griechische Philosoph Aristoteles, dass wahre Freundschaft – die er von der legitimen Zweckfreundschaft unterscheidet – die tragfähigste und wertvollste Beziehung unter Menschen sei: Echte Freundschaft beruht auf Gegenseitigkeit und auf dem herzlichen, wohlwollenden

Wunsch, dass es dem Gegenüber um seiner selbst willen gut geht. Eine solche Beziehung macht das Leben reich und gehört zu den wichtigsten Quellen von menschlichem Glück.

Ich persönlich fände ein Schaubild interessant, das den Entwicklungsstand einer Gesellschaft anhand anderer Kriterien aufzeigt als üblich. Normalerweise wird der Reichtum einer Gesellschaft mittels des Pro-Kopf-Einkommens oder des sogenannten Bruttoinlandsprodukts (BIP) erhoben. Doch ebenso sinnvoll wäre es, den Entwicklungsstand auch einmal daran zu messen, wie viele Menschen es gibt, die jemanden an ihrer Seite wissen, auf den sie wirklich bauen können. Und wie sähe wohl eine Landkarte aus, die die Verbreitung jenes Reichtums darstellt, mit sich selbst befreundet zu sein?

Mit sich befreundet sein – das klingt ungewohnt und irgendwie fremd.

Bevor Sie weiterlesen, bitte ich Sie, das Buch zur Seite zu legen und sich zu fragen: Was charakterisiert eine gute Freundschaft? Wann würde ich jemanden als einen guten Freund oder als eine echte Freundin bezeichnen? Und was braucht es, dass eine Freundschaft entsteht und sich entwickelt?

Führen Sie sich zur Anschauung einige – möglicherweise auch eingeschlafene oder zerbrochene – Freundschaften vor Augen. Und wenn Sie sich dabei Notizen machen, können Sie diese immer mal wieder zur Hand nehmen, um das Verhältnis zu sich neu zu bedenken und freundschaftlich(er) zu gestalten.

Ins Gespräch kommen

Zu Beginn des Kinofilmes „Ziemlich beste Freunde" verbindet die beiden Hauptdarsteller – den vermögenden, vom Hals ab gelähmten Philippe und den frisch aus der Haft entlassenen Driss – eine rein zweckmäßige Arbeitsbeziehung: Driss wird von Philippe dafür bezahlt, dass er ihn pflegt. Die Atmosphäre zwischen den beiden verändert sich, als sie sich füreinander zu interessieren beginnen und nach und nach mehr voneinander erfahren. Damit ist der Grundstein ihrer Freundschaft gelegt.

Am Anfang einer Freundschaft steht echtes Interesse aneinander und dies bleibt ihr tragendes Fundament. Mit einem Freund oder einer Freundin will ich gemeinsam Zeit verbringen, will mit ihr im Kontakt sein, erfahren, wie es ihm geht, mich austauschen und miteinander etwas unternehmen. Umgekehrt beginnt eine Freundschaft zu bröckeln, wenn tausend andere Dinge wichtiger erscheinen als ein gemeinsamer Abend. Wenn – wie es die Österreicher unnachahmlich passiv-unschuldig ausdrücken – *es* sich einfach nicht ausgeht, dass wir uns treffen". Fehlendes Engagement und Desinteresse untergraben eine vertrauensvolle Beziehung, bis sie dann irgendwann wie ein Kartenhaus in sich zusammenfällt. Untersuchungen zufolge nehmen sich die meisten Menschen zu wenig Zeit für Freundschaften, insbesondere Männer. Mit zwei bis drei Stunden jede Woche, um den Kontakt mit Freunden zu pflegen, wäre schon viel gewonnen ...

Was bedeutet dies nun analog für die Beziehung mit sich selbst? Auch hier gilt das Gleiche: Es braucht zuallererst ein waches Interesse an der eigenen Person. Vielleicht denken Sie: „Was soll denn daran besonders sein? Jeder und jede ist sich selbst die Nächste und schaut auf sich." Doch sich selbst mehr kennenlernen zu wollen, ist alles andere als selbstverständlich! Natürlich laufen wir uns des

Öfteren – mehr oder weniger beglückt – selbst über den Weg. Doch den umtriebigen Alltag so zu gestalten, dass wir immer wieder neu den Kontakt mit uns suchen, ist eine dauerhafte und nicht immer leichte Aufgabe. Dazu braucht es eine bewusste Lebenskultur. Zwar seufzen viele sehnsüchtig: „Hätte ich doch mehr Zeit für mich!", doch häufig setzen sie ihren Wunsch nicht in die Tat um. Ihre Absichtserklärung ähnelt dem frommen Wunsch, der Umwelt zuliebe in Zukunft aufs Fahrrad umzusteigen. Doch dann ist man knapp dran oder es regnet – und schon fällt der gute Vorsatz ins Wasser.

Wie entschlossen jemand mit sich selbst in Tuchfühlung kommen will, erweist sich darin, ob er oder sie sich *tats*ächlich Zeit und Aufmerksamkeit schenkt. Ein kleiner *Realitäts-Check*: Pflegen Sie eine Kultur des Rückzugs, der Stille und der Selbstreflexion? Bemühen Sie sich um eine achtsame Haltung sich selbst gegenüber? Schenken Sie den verschiedenen Stimmen in sich Gehör: der Sprache des Körpers und der Gefühle, der Träume und Ängste? Lauschen Sie der Stimme Ihres Herzens und den substanziellen Fragen, die auftauchen, wenn Sie mit sich allein sind – Fragen, in denen es um die eigene Person geht und die auch ein beunruhigendes Potenzial in sich tragen?

Wenn Sie das Gespräch mit sich selbst suchen, sind Sie auf dem besten Weg zur Freundschaft mit sich selbst.

Doch es gibt Stolpersteine auf diesem Weg. Auf drei häufige Hindernisse möchte ich hinweisen.

Stolperstein 1: Angst vorm Alleinsein

Eine Freundschaft mit anderen braucht Zweisamkeit. Eine Freundschaft mit sich selbst braucht Einsamkeit. Sie lebt (auch) von der Verabredung mit sich selbst fern von Trubel und Geschäftigkeit. Und hier liegt ein Problem: *Will* ich überhaupt zu mir zurück? Was finde ich dort? Und wer ist dort? – Karl Valentin bringt es launig auf den Punkt: „Morgen gehe ich mich besuchen. Hoffentlich bin ich zu Hause!"

Viele finden Alleinsein fürchterlich und halten Stille kaum aus. Beobachten Sie etwa Leute, die in der Schlange an einer Kinokasse stehen oder auf den Bus warten. Die meisten holen sofort ihre Kopfhörer heraus oder wischen auf ihrem Smartphone herum. Dazu eine Zahl: Ein Teenager in den USA erhält im Durchschnitt 3417 Textnachrichten monatlich, das sind sieben bis acht Mitteilungen pro Stunde, wenn man den Tag mit sechzehn Stunden ansetzt. Und einem Bonner Forscherteam zufolge nutzen die Menschen ihr Smartphone drei Stunden täglich und nehmen es alle fünfzehn Minuten zur Hand, um zu kontrollieren, ob es etwas Neues gibt.

Worin gründet diese *Angst vor Stille und Alleinsein*? Warum muss immer etwas gesagt oder getan, gehört oder gepfiffen werden, sobald es um einen ruhig wird? Warum beschäftigen Menschen sich lieber wie besessen mit *etwas*, als dass sie sich mit sich selbst beschäftigen? Der Tiefenpsychologe Carl Gustav Jung schreibt in einem seiner Briefe, dass der Lärm vor „peinlichem Nachdenken" schützen soll. Unterhaltung und Aktivismus sollen einem vom Hals halten, was in der Stille aus dem eigenen Innern aufsteigen könnte. Und in der Tat: Das Hören auf die inneren Stimmen kann bisweilen schmerzlich sein. Denn in uns wohnen auch Angst und Wut, schmerzhafte Erinnerungen an Kränkungen und eigene Schuld oder das quälende Empfinden, die Orientierung verloren zu haben. Wir stoßen auf unsere Endlichkeit und spüren doch zugleich unseren unendlichen Hunger. Wenn wir uns dem Innerseelischen aussetzen, werden wir in unserem Tatendrang nicht befriedigt, sondern müssen lernen, auch Leere auszuhalten.

Wie halten Sie es mit dem Alleinsein und der Stille? Verabreden Sie sich mit sich selbst? Und wann und wie oft ergreifen Sie diese

Gelegenheit: Zum Jahreswechsel oder runden Geburtstag oder gibt es regelmäßige Treffpunkte in Ihrem Alltag?

Vielleicht entdecken Sie beim genaueren Hinschauen manche Ausweichmanöver, durch die Sie Schweigen und Alleinsein vermeiden wollen. Falls dies der Fall sein sollte, machen Sie sich deswegen bitte nicht nieder! Denn wie angedeutet kann es nachvollziehbare Gründe geben, die Sie zu einem solchen Verhalten motivieren. Zugleich können Sie sich fragen, ob eine solche Vogel-Strauß-Politik Sie wirklich Ihrem Ziel näher bringt. Denn wenn Sie nicht auf sich selbst hören, so hören Sie bald nur noch auf andere oder anderes. Je weniger Sie einen Zugang zu dem haben, was Sie empfinden und wollen, umso leichter werden Sie ein Spielball Ihrer Launen oder der Interessen anderer. Umgekehrt verhilft Ihnen der Rückzug in die Stille, dass Sie Wesentliches von Unwesentlichem unterscheiden und Ihr *eigenes* Leben führen können.

Wenn Sie Ihre Motivation stärken wollen, Stille und Selbstreflexion zu kultivieren, kann es hilfreich sein, sich an Stunden erfüllten Schweigens zu erinnern. Vielleicht als Sie allein durch die Natur spazieren gegangen sind. Oder als Sie in einer menschenleeren Kirche saßen und die Zeit stillzustehen schien.

Stille hat eine beruhigende und heilende Kraft. Die Stimmen, die etwas von einem wollen und immer weitertreiben, verstummen: die Stimme des Ehrgeizes, die Angst, zu kurz zu kommen oder nicht zu genügen. In der Stille lässt sich erleben, dass ich einfach da sein darf, ohne etwas leisten oder machen zu müssen. Nichts und niemand will etwas von mir – nicht einmal ich selbst.

In dem Maß, in dem wir – immer wieder neu – den inneren „Raum der Stille" aufsuchen, werden wir bei uns selbst ankommen. Ich persönlich erfahre dies auch als ein spirituelles Geschehen. Denn wenn ich näher zu mir selbst finde, erahne ich zugleich einen umfassenderen Grund, der mich und alles von innen her trägt. Und umgekehrt: Je mehr ich in Berührung komme mit dem göttlichen Geheimnis, umso mehr komme ich in Kontakt mit mir und der Welt. In diesem inneren Zusammenhang liegt aus christlicher Sicht der entscheidende Lackmustest! Wenn auf meinem inneren Marktplatz mal wieder die verschiedenen Parteien durcheinanderschreien, halte ich daher inne und versuche herauszuhören: Führt mich eine innere Stimme mehr zu mir selbst? Öffnet sie mich gegenüber meinen Mitmenschen und stärkt die Verbundenheit mit ihnen? Oder bringt sie mich dazu, mich von mir selbst zu entfremden? Treibt sie mich in eine größere Enge und Vereinzelung hinein? Die christliche Spiritualität lädt ein, jenen Stimmen Gehör zu schenken, die uns innerlich weit machen. Die uns mehr zu uns selbst und zu anderen zugleich führen und die unser Vertrauen in die leise Gegenwart Gottes stärken. Schenken wir diesen Stimmen Glauben, dann geben wir dem göttlichen Geist Raum.

Stolperstein 2: Selbstmitleid

„Wenn nur die Leute nicht wären! Immer und überall stören die Leute. Ja, wenn die Leute nicht wären, dann sähe die Sache schon anders aus", klagt Hans Magnus Enzensberger ironisch. Mit spitzer Feder karikiert er die Lamentierhaltung, mit der man sich so vortrefflich aus der eigenen Verantwortung stehlen kann.

Wenn die Unzufriedenheit im Beruf wächst oder sich der Urlaub trist dahinzieht, liegt als erste Reaktion nahe, anderen dafür die Schuld zuzuweisen: Die unfähige Chefin oder die mobbenden Kollegen, der schlechte Hotelservice oder das miese Wetter haben es einem vermasselt. Oder auch der eigene Charakter – „Ich kann nichts dafür. Ich bin halt so" –, das Elternhaus, die Gene und die Gesellschaft müssen oft für die eigene Misere herhalten.

Natürlich sind wir Situationen und Menschen ausgesetzt und werden ungewollt und auch unbewusst durch vieles geprägt. Ja, bereits mit der Geburt sind wir kein unbeschriebenes Blatt mehr. Genetische Veranlagungen, vorgeburtliche Erfahrungen und die Kultur, in die wir hineingeboren werden, haben sich in unsere Persönlichkeit eingeschrieben.

Und doch haben wir einen Gestaltungsspielraum. Wir sind Mitautorinnen und Mitautoren unserer Geschichte. Aber dies anzuerkennen fällt manchmal schwer. Wenn etwas schiefgeht, schreiben wir lieber anderen die Verantwortung zu, als darin die eigene Handschrift wiederzuerkennen. Es entlastet, lauthals über die frechen Schüler oder undankbaren Patientinnen zu schimpfen, anstatt sich einzugestehen: „Ich habe den falschen Beruf ergriffen." Es ist angenehmer, anderen die Schuld an der schlechten Urlaubsstimmung in die Schuhe zu schieben, als anzuerkennen, wo bei mir der Schuh drückt. Dass ich vielleicht mit mir selbst nichts anzufangen weiß. Denn wenn ich mich langweile, bedeutet das letztlich nichts anderes, als dass mich meine eigene Gesellschaft anödet. – Keine erfreuliche Selbsteinsicht!

Sich in der *Rolle des leidenden Opfers* einzurichten, bringt also Vorteile mit sich: Ich muss mir selbst nicht begegnen und meinem Unbehagen an mir selbst nicht ins Auge blicken. Wenn ich leide, werde ich vielleicht von anderen bemitleidet und unterstützt. Und ich brauche in meinem Leben nichts zu ändern, denn es sind ja die anderen, denen ich mein Elend verdanke. Doch für eine solche Lebenseinstellung bezahlen wir einen hohen Preis! Denn wenn wir daran festhalten, dass andere für unser Glück oder Unglück zuständig sind, geben wir die Zügel aus der Hand. Wir lassen uns auf dem Beifahrersitz durch unser Leben kutschieren. Wir bleiben in der Zuschauerrolle – vielleicht, weil wir zu mutlos oder zu bequem sind. Was wir als Schicksal beweinen, lässt sich oft auch als ein Mangel an Selbstverantwortung beklagen. Mit dieser Lebenseinstellung verbauen wir uns den Weg zu einer Freundschaft mit uns selbst. Wir halten uns selbst davon ab, dass wir unsere tiefsten Wünsche und Schwierigkeiten wahrnehmen und angemessen mit ihnen umgehen.

Hat sich erst einmal eine wehleidige Lamentierhaltung in einem eingenistet, fällt es gar nicht leicht, sich von ihr zu befreien. In diesem Fall kann es helfen, nüchtern damit zu rechnen, dass eigene blinde Flecken einem die Sicht verstellen. Denn im Normalfall sind wir mit passiven *und* aktiven Anteilen in spannungsreiche Situationen hineinverwoben. Wenn uns durch einen realistischen Blick unsere Mitverantwortung aufgeht, dann entdecken wir zugleich, dass wir auch jetzt tätig und aktiv werden können. Dass wir es in der Hand haben, an der misslichen Lage etwas zu verändern.

Stolperstein 3: Selbstoptimierung

Bertolt Brecht erzählt in einer bekannten Kalendergeschichte davon, was ein Mensch unter Liebe versteht. Er macht einen Entwurf von einem geliebten Menschen und bemüht sich um Angleichung. Allerdings: Nicht der Entwurf soll dem Menschen ähnlich werden, sondern der Mensch dem Entwurf!

Diese bekannte Kurzgeschichte über die Liebe lässt sich auch auf eine Freundschaft übertragen. Sie macht darauf aufmerksam, was das Fundament einer Freundschaft unterhöhlt: der Versuch, dass ein Mensch dem Bild angeglichen werden soll, das man von ihm hat. Doch Freundschaft lebt von einer grundlegenden wechselseitigen Akzeptanz. Da weiß jemand um unsere Stärken und Schwächen, um unsere Erfolge und Niederlagen – und mag uns so, wie wir sind. Wir müssen nicht erst jemand anders werden oder uns einem bestimmten Bild anpassen. Auch wenn der Freund oder die Freundin nicht alles gutheißt, was wir getan haben. In der Gegenwart eines solchen Menschen lässt sich aufatmen. Es fühlt sich an wie ein Zu-Hause-Ankommen.

Sich mit sich selbst befreunden funktioniert ganz ähnlich. Und hier stoßen wir auf ein weiteres Hindernis auf dem Weg zur Selbstfreundschaft: auf die weitverbreitete *Kultur der Selbstoptimierung*. Die gesellschaftliche Tendenz, ständig an sich zu arbeiten und sich zu verbessern, torpediert einen freundschaftlichen Umgang mit sich selbst.

„Effizienter arbeiten", „Gelassener leben", „Bauch weg", „Mehr Selbstachtung", rufen einem Werbespots und Buchtitel entgegen und lassen keinen Aspekt unseres Lebens aus. Man sagt uns genau, wie wir aussehen sollten, wie wir unsere Kinder erziehen, Urlaub machen oder wie oft wir Sex haben sollten. Es gilt, das Beste aus sich zu machen, und daher müssen wir ständig an uns arbeiten: an der Beziehung, am Auftreten, an der inneren Ruhe, an der Figur … Aber auch das Beste lässt sich immer noch optimieren – und dann schnappt die Falle zu. Denn so sehr wir uns auch ins Zeug legen, bleiben die eigenen Anstrengungen notgedrungen ungenügend. Wie in einem Hamsterrad strampeln wir uns ab: Streben wir nach Selbstverbesserung, dann nähren wir indirekt das Gefühl der eigenen Unzulänglichkeit. Und umgekehrt verstärkt das Gefühl des Zu-Wenig die angespannte Anstrengung …

Das Fatale ist: Der Tendenz, sich selbst zu optimieren, lässt sich so schwer entkommen, weil sie unsere Kultur durch und durch beherrscht. In der neoliberalen Gesellschaft gibt die Figur des Unternehmers das Leitbild ab – aber nicht mehr nur im ursprünglichen Rahmen eines Wirtschaftsbetriebs. Vielmehr avancierte der Unternehmer zur Leitfigur aller Gesellschaftsbereiche. Wir alle sollen als

Unternehmerin bzw. als Unternehmer unser eigenes Leben managen. Wir selbst tragen die Verantwortung für unser Glück auf den Arbeits- und Beziehungsmärkten. Entsprechend gilt, dass wir unsere Grenzen stetig ausweiten, besser noch: sie überwinden sollen. Und als Unternehmerin in eigener Sache darf man sich natürlich auch nicht zur Ruhe setzen, denn wer aufhört zu rudern, treibt zurück. Das „unternehmerische Selbst" ist daher oft ein „erschöpftes Selbst", was auch die vermehrten Depressionen und Burnouts zeigen.

Wie sich ein solches Ego-Tuning im Alltag niederschlägt und wie Sie dem entgegensteuern können, lesen Sie in den folgenden Kapiteln. An dieser Stelle möchte ich vor allem auf die befreienden Perspektiven und Einstellungen hinweisen, die in der Freundschaft mit sich selbst liegen.

Wer wollen Sie sein: Ihre eigene Unternehmerin bzw. Ihr eigener Unternehmer und ständig an sich arbeiten? Oder ein Mensch, der in Freundschaft mit sich lebt? Es macht einen großen Unterschied, ob Sie mit sich befreundet sein wollen oder ob Sie Ihr Leben als ein Projekt verstehen, das Sie managen müssen. Die Aufforderung „Werde dein eigener Coach!" und die Einladung „Werde dir selbst zum Freund / werde dir selbst zur Freundin" verfolgen unterschiedliche Ziele. Die Entscheidung für das eine oder andere hat ganz konkrete Auswirkungen auf den Alltag: wie Sie sich sehen und mit sich umgehen. Was Sie tun und lassen. Wie Sie Ihr Leben leben.

Natürlich: Zur Selbstfreundschaft gehören auch „Techniken", etwa zur Zeiteinteilung und Work-Life-Balance. Und selbstverständlich beinhaltet sie, dass wir unsere Fähigkeiten fördern und das Glück erfahren, welches darin liegt, dass wir unser Bestes geben; dass wir unsere Komfortzone verlassen und über uns hinauswachsen. Doch das Entlastende und Befreiende einer Freundschaft liegt darin, dass wir nicht immer gut drauf sein müssen. Vielmehr können wir in der

Gegenwart eines Freundes auch unvollkommen und verletzlich sein. Unsere Grenzen und Unausgegorenheiten, unsere Schwäche und Kraftlosigkeit haben Platz. Dass wir einen ähnlichen Umgang mit den eigenen Grenzen pflegen, gehört zur Freundschaft mit sich selbst.

Es mag sich ziemlich banal anhören, doch für mich war es eine völlig neue Einsicht und wegweisende Erfahrung, als mir vor einigen Jahren aufging: Meine *Grenzen* – etwa die meiner Gesundheit oder meines Charakters, meiner tief sitzenden Verunsicherbarkeit oder meiner lebensgeschichtlichen Prägung – sind nicht nur dafür da, dass ich sie überwinde oder zumindest ein wenig ausweite. Vielmehr können meine Grenzen auch eine *Umfriedung* darstellen: Sie markieren meinen Lebensraum, innerhalb dessen ich in Frieden leben kann. Eine Grenzüberschreitung hingegen kommt einer Kriegserklärung gleich.

Leider funktionieren wir Menschen nicht so, dass mit einer solchen Einsicht das Thema ein für alle Mal erledigt wäre. Immer wieder neige ich spontan dazu, meine Grenzen als etwas zu betrachten, das es zu überwinden gilt – und damit im Grunde genommen als etwas Feindliches. Wenn ich das wahrnehme, kann ich mich auch über *diese* meiner Grenzen ärgern und mich anfahren: „Du Eumel, du hast immer noch nichts gelernt!" Ich kann mich aber auch fragen: „Wie würde wohl in dieser Situation ein guter Freund mir gegenüber reagieren?" Wenn ich mir diesen Freund zum Vorbild nehme, dann öffne ich die Tür zu einem freundlicheren Umgang mit mir selbst und versuche, meinen Grenzen mit mehr Akzeptanz zu begegnen. Gelingt dies, kehrt Frieden ein.

Ein solcher Friedensschluss setzt voraus: Ich nehme Abstand von der Haltung des Herrn K. und begegne mir mit einer anderen inneren Einstellung: Ich lasse los, was ich glaube, sein zu *sollen*. Und ich umarme mich, wie ich *bin*.

Es wird deutlich, welche weitreichenden Auswirkungen es hat, ob jemand sein Leben vor allem managen oder primär mit sich befreundet sein will. Auch in diesem Zusammenhang erweist sich unsere Umgangssprache als vielsagend: In den vergangenen Jahrzehnten hat sich der Begriff „Beziehungs*arbeit*" als Modewort etabliert, und zahlreiche Kurse für Kommunikation und Konfliktmanagement machen einen fit für den Beziehungsmarkt. Interessanterweise redet man jedoch nicht davon, dass wir an Freundschaften arbeiten, sondern dass wir Freundschaften *pflegen*. Das Wort „pflegen" verweist in den Bereich des Lebendigen. An Blumen beispielsweise arbeiten wir nicht, sondern wir pflegen sie. Dann wachsen sie und entfalten sich ganz von selbst. Eine ähnliche Dynamik kennzeichnet die Freundschaft mit sich selbst: Wenn wir mit uns selbst pfleglich umgehen, dann wächst die Freundschaft wie von allein.

Ein Ja zu sich selbst finden

Was kann helfen, einen wohlwollenden Umgang mit sich zu pflegen? Vieles! Eine besondere Bedeutung haben unsere *Freundschaften* und *Liebesbeziehungen*. Denn hier erfahren wir, was umarmen und was umarmt werden heißt. Hier können wir lernen, mit uns klarzukommen, genauso wie wir sind. Hier erfahren wir: „Ich darf sein, wie ich bin. Aber ich muss nicht so bleiben, wie ich bin." Wendet sich uns eine Freundin mit dieser positiven Grundeinstellung zu, dann gibt sie uns einen Raum, in dem wir uns entwickeln können, und stärkt das Bewusstsein für alles, was das Leben fördert. Denn nichts kann einen so sehr verwandeln wie spürbares Wohlwollen und echte Liebe.

Hilft eine gelebte Spiritualität, um in Freundschaft mit sich selbst zu leben? – Diese Frage bekomme ich oft gestellt. Meine Antwort lautet: Ja! Denn die gesellschaftlich konditionierten Ängste „Ich bin nicht gut, schön, erfolgreich. Ich gelte nicht genug. Ich besitze nicht genug" entspringen auch einer spirituellen Krise. In unserer westlichen Kultur erfährt sich der Mensch als chronisch ungenügend und unzureichend. Als bedrohlich unverbunden und vereinzelt. Dies manövriert viele in Angst und Optimierungsdruck, in Aggression oder maßlose Besitzgier hinein. Wenn ich ahne, dass ein göttliches *Du* mich und alle Menschen von innen her bejaht, dann befreit mich das von dem Damoklesschwert, den Anforderungen nicht zu genügen. Dann reift ein tragfähiges *Ja* zu mir selbst heran. Das leise Gespür, dass göttliche Liebe ein grenzenloses Netzwerk schafft, das uns umfängt, lässt mich die tiefe Verbundenheit mit allen und allem entdecken und pflegen. Freundschaften – und in einmaliger Weise die göttliche Freundschaft, die ohne jeden Schatten ist – laden zur Freundschaft mit sich selbst ein.

Dich
dich sein lassen
ganz dich

Sehen
daß du nur du bist
wenn du alles bist
was du bist
das Zarte
und das Wilde
das was sich losreißen
und das was sich anschmiegen will

Wer nur die Hälfte liebt
der liebt dich nicht halb
sondern gar nicht

der will dich zurechtschneiden
amputieren
verstümmeln

Dich dich sein lassen
ob das schwer oder leicht ist?
Es kommt nicht darauf an mit wieviel
Vorbedacht und Verstand
sondern mit wieviel Liebe und mit wieviel
offener Sehnsucht nach allem –
nach allem
was du ist

Nach der Wärme
und nach der Kälte
nach der Güte
und nach dem Starrsinn
nach deinem Willen
und deinem Unwillen
nach jeder deiner Gebärden
nach deiner Ungebärdigkeit
Unstetigkeit
Stetigkeit

Dann
ist dieses
dich dich sein lassen
vielleicht
gar nicht so schwer.

Erich Fried

5. Freundschaft lohnt sich

Sich mit sich selbst befreunden macht das Leben nicht einfach und bequem, wohl aber erfüllter und lebendiger. Wenn ich auf mein Leben schaue, kann ich ehrlich sagen: Nichts fühlt sich so schal an wie der Eindruck, ich bleibe Zuschauerin im eigenen Leben und „bewohne" es nicht. Nichts quält so sehr wie die – wenn auch nur latente – Frage: Wie wäre es wohl gewesen, wenn ich den Mut gehabt hätte, mich wirklich auf mich mit all meinen Schattierungen einzulassen und in meinem Leben heimisch zu werden? Umgekehrt weckt es einen tiefen Frieden und eine beständige Freude, wenn ich Freundschaft schließe mit mir selbst.

Wenn auch Sie sich auf diesem Weg befinden oder sich mit mir auf diesen Weg machen wollen, freue ich mich, denn: Er lohnt sich!

Um sich mit sich selbst (mehr) anzufreunden, brauchen Sie nur wenig. Eigentlich brauchen Sie nur sich selbst. Beginnen Sie einfach dort, wo Sie sind. Womöglich haben Sie das Gefühl, kein anderer Mensch ist so hoffnungslos verliebt wie Sie. Vielleicht haben Sie drei Kinder und einen Vollzeitjob und gehen im Stress unter. Womöglich leiden Sie an einer Krankheit. Oder Sie klettern gerade die Karriereleiter steil nach oben – wo auch immer Sie sich gerade befinden, genau dort können Sie anfangen!

Rechnen Sie damit, dass die Praxis der Selbstfreundschaft bisweilen *Unbehagen* auslöst und Sie herausfordert. Das ist durchaus normal und kein Grund zur Sorge. Wachsen geht mit Wachstumsschmerzen einher. Trauen Sie gerade in solchen Phasen Ihrer Sehnsucht nach einem Mehr an Lebendigkeit. Auch wünsche ich Ihnen, dass Sie Ihr Leben offen, neugierig und wohlwollend erkunden können – im Vertrauen, viel Wertvolles und Liebenswertes zu finden.

Gute Begleiter können Ihnen dabei die Geduld und der Humor sein. *Geduld* bedeutet, einen langen Atem zu haben und sich selbst nicht vorschnell aufzugeben oder sich rücksichtslos unter Druck zu setzen. Geduld ist eine Schwester der Gewaltlosigkeit auf der Ebene der Zeit. Der *Humor* rückt den jeweiligen Augenblick, der sich mal großartig anfühlt und dann wieder miserabel, mal leer und kalt und dann wieder froh beschwingt, an die richtige Stelle. Er zeigt uns etwa: Versagen und Enttäuschung müssen nicht abgrundtief tragisch genommen werden – und berufliche oder gesellschaftliche Erfolge bilden noch nicht die Krönung des Lebens. Humor lehrt uns die wahre Größenordnung und hilft, dass wir uns nicht zu wichtig nehmen. Dann können wir auch über uns selbst lachen.

Und schließlich plädiere ich für einen gesunden *Realismus*. Unser Bemühen, uns mit uns selbst zu befreunden, ähnelt dem Navigieren nach dem Polarstern: Wir gelangen nie zum Polarstern, wissen uns aber auf dem richtigen Weg, wenn wir uns an ihm orientieren. Immer wieder werden wir mit uns in Streit geraten oder auch in erbittertem Kampf liegen mit dem, was das Leben uns zumutet. So ist das Leben eben! Auch das gehört zur Freundschaft!

Statt schönfärberisch in die Optimismus- und Harmoniefalle zu tappen, braucht es die Fähigkeit, auch mit sich selbst vorübergehend unversöhnlich sein zu können. Die entscheidende Frage lautet: In welche Richtung wollen Sie auf Dauer Ihr Leben lenken? An welchem Stern orientieren Sie sich?

Wie das geht, mit sich selbst Freundschaft zu schließen, davon handelt dieses Buch. Die einzelnen Kapitel orientieren sich an typischen Fragestellungen und Themen, über die wir mit Freunden sprechen. Woran wir in ihrem Leben Anteil nehmen, worüber wir uns mitfreuen oder Sorgen machen. Ich bin gewiss: Dieselben Themen und Fragestellungen sind von ebenso großem Interesse für eine Freundschaft mit sich selbst! Wenn Sie über diese Grundzüge Ihres Lebens mit sich selbst im Gespräch sind, erweisen Sie sich daher einen großen Freundschaftsdienst. Und wenn Ihren Gesprächen auch noch Taten folgen, umso besser. Zu diesem Dialog und einer entsprechenden Lebenspraxis möchte ich Sie gerne einladen.

Zweites Kapitel

„SCHÖN, DICH ZU SEHEN!"
VON DER KUNST, SEINEN KÖRPER WAHRZUNEHMEN

1. Was macht die Gesundheit?

Kennen Sie das auch, voll Freude am Bahnsteig zu stehen und auf die Ankunft eines Freundes oder einer Freundin zu warten? Ist der Zug eingefahren, suchen meine Augen den Waggon, aus dem die Person aussteigt. Selbst im dichten Gedränge erkenne ich sie sofort und eile auf sie zu: „Wie schön, dich zu sehen!" Angst vor diesem ersten Augenblick hatte ich, als ein Freund an einer schweren Krankheit litt, denn: Wie wird er aussehen? Werde ich erschrecken, weil er so zusammengefallen ist? – Die Nähe, die ich zu ihm spürte, ging mit einer schmerzlichen Sorge um seine Gesundheit einher, wie es ihm wohl gehen würde.

In einer Freundschaft interessieren wir uns dafür, wie sich der andere körperlich fühlt, und fragen: „Wie gehts dir?" Wie sieht das nun im Hinblick auf unseren eigenen Körper aus?

Ein bockiger Esel

Ständig sendet unser Körper diverse Signale und reguliert auf diese Weise sein Gleichgewicht. Das Wenigste davon dringt in unser Bewusstsein. Doch wir können unser Gespür dafür sensibilisieren, was unserem Körper schadet oder wovon er zu viel hat, was er braucht und was ihm guttut – beispielsweise Nahrung, Bewegung, Sonnenlicht oder Erholung. Je aufmerksamer wir die Sprache unseres Körpers vernehmen, umso besser werden wir mit ihm klarkommen. Und umso verantwortlicher können wir auch die Grenzen unseres Körpers ausreizen, ohne uns ernsthaft zu gefährden. Wenn wir die Signale des Körpers jedoch überhören oder als unwichtig beiseiteschieben, meldet er sich deutlicher zu Wort, bis auch irgendwann der letzte Dickschädel merkt: Ich kann mit dem Kopf nicht durch die Wand. Mein Körper spielt nicht mit, wie ich will. Er streikt.

Mit einem Bild aus der Bibel lässt sich dies illustrieren: Der Prophet Bileam reitet auf seinem Esel Richtung Midean, um die dort lagernden Israeliten zu verfluchen. Gott missfällt dies. Unterwegs stellt sich ihnen ein Engel in den Weg, aber nur der Esel sieht ihn. Der verweigert seinem Herrn den Gehorsam. Bileam drischt auf ihn ein, doch der Esel sträubt sich weiterzulaufen und geht schließlich in die Knie. Als Bileam absteigt, erkennt er, dass sich ein Engel warnend in den Weg gestellt hat. Der scheinbar so störrische Esel hat den Propheten, der verbissen an seinem Vorhaben festhielt, davor bewahrt, weiter in die falsche, verheerende Richtung zu reiten (vgl. Numeri 22,21–34).

Der Esel lässt sich als Symbol für unseren Körper deuten. Wenn wir auf Dauer etwas leben, das uns nicht entspricht, oder Aufgaben übernehmen, die uns überfordern, dann bringt sich irgendwann unser Körper ins Spiel und signalisiert: „Stopp! Dreh dich um! Verändere etwas!" Gerade wenn unser Körper nicht so funktioniert, wie wir wollen, lohnt es sich daher, darauf zu achten, was er uns mitteilen möchte.

Doch leichter gesagt als getan. Denn oft neigen wir dazu, seine Signale zu überhören oder zu betäuben. Um eigenen oder fremden Erwartungen zu entsprechen, beherrschen wir uns – und unseren Körper. Wir geben ihm nicht, was er braucht. Ja, mehr noch: Unsere Biologie wird zum Gegner, der mit pharmakologischer Hilfe unter Druck gesetzt wird. Wenn wir aber allzu lange die Grenzen unseres Körpers missachten, beginnt er zu streiken. So wie bei jenem erfolgreichen Unternehmer, der sich ausschließlich auf der Schnellstraße des Lebens bewegte: Ein großer Auftrag jagte den anderen und führte ihn um den ganzen Globus. Um den Jetlag zu kompensieren und vor Ort ausdauernd arbeiten zu können, nahm er Wachhaltepillen. Diese verringerten sein Ruhebedürfnis und optimierten seinen Schlaf. Bald schon griff er täglich zu den Tabletten, kombiniert mit „Hirndoping", sogenannten Neuro-Enhancern. Lange Zeit kam der Unternehmer mit der chemischen (De-)Regulierung seines Biorhythmus gut klar. Doch eines Tages blieb er auf der Überholspur liegen und wurde schließlich ganz aus dem Verkehr gezogen. Sein Körper war vom Schlafentzug ausgezehrt.

Dieser Mann ist kein Einzelfall. Laut einer Studie der Krankenkasse DAK aus dem Frühjahr 2015 nutzen etwa drei Millionen Deutsche Medikamente, um am Arbeitsplatz konzentrierter und leistungsfähiger zu sein. Sie setzen darauf, dass Neuro-Enhancer ihr Hirn auf Hochtouren bringen. Es würde daher nicht verwundern, wenn auch Sie solche Leute kennen oder selbst zu ihnen gehören.

Der Umgang mit dem eigenen Körper beginnt bereits bei dem *Bild*, das wir uns (unbewusst) von ihm machen: Betrachte ich meinen Körper tendenziell als eine Maschine, die reibungslos zu funktionieren hat und mir zu Diensten stehen soll, die nur wenig

Wartungsarbeit braucht und sich auf neueste Anforderungen hochrüsten lässt? Oder sehe ich ihn als einen lebendigen Organismus, der sich ständig selbst reguliert, der mir mittels der Augen, Ohren und Hände die Welt erschließt und mich leben lässt? Erscheint er mir als Feind oder zumindest als innerer Schweinehund, den es zu überwinden gilt? Oder nehme ich ihn wahr als einen Freund, der mit mir kommunizieren will und Weisheit in sich trägt? – Welches Bild oder welche inneren Vorstellungen haben Sie von Ihrem Körper? Und kennen Sie seine Signale, mit denen er Ihnen sagt: „Nein, ich kann nicht mehr!" oder: „Ich will… Ich brauche…"?

In der biblischen Erzählung hält ein Engel Bileam und seinen Esel auf. Dies lässt sich auch so deuten: Wenn wir unseren Körper als kostbares Fundament unseres Lebens begreifen und wertschätzen, kann er uns als „Engel" dienen. Als ein Bote Gottes will er uns etwas mitteilen: Er bringt uns mit Menschen in Berührung. Er warnt vor Gefahren und hilft mit seinem Gespür, Situationen einzuschätzen und stimmige Entscheidungen zu treffen. Wird der Körper allerdings verabsolutiert – auch dies eine gegenwärtige Tendenz –, dann wird er zu einem „Dämon", der den Menschen besetzt.

Vielleicht wundern Sie sich über meine ausgesprochen positive Deutung des Körpers, denn: Ist das Christentum nicht eine durch und durch körperfeindliche Religion?! – In der Tat gab es einflussreiche Strömungen im Christentum, die den Körper abgewertet und Lust und Sexualität als Quelle von Schuld und Verderben verdammt haben. Doch diese Sicht steht im Widerspruch zum Gründungsdokument des christlichen Glaubens, zur Bibel! Bereits auf deren ersten Seiten bringen die Schöpfungserzählungen in poetischer Weise das Vertrauen zum Ausdruck, dass die Welt einen guten Grund hat: Sie verdankt sich göttlicher Liebe. Wer aber an das göttliche Leben in allem – auch in sich selbst – glaubt, für den oder die kann die Pflege des Körpers, die Freude an seiner Schönheit und das Genießen mit allen Sinnen nicht des Teufels sein. Im Gegenteil! Wenn ich meinen Körper respektiere und auch seine unausweichlichen Schwächen, Grenzen und Krankheiten ertrage, achte ich mein Dasein, das in keinster Weise selbstverständlich ist. Und zugleich achte ich den Urgrund meines Lebens, das geheimnisvolle göttliche *Du*.

Wenn Sie damit beginnen, Ihren Körper und seine Signale achtsam wahrzunehmen, dann werden Sie entdecken, welche Weisheit in ihm steckt. Aber leider kommt nicht jede Weisung unseres Körpers angenehm daher! Meine Rückenschmerzen beispielsweise habe ich jahrelang als ein lästiges Problem betrachtet, das sich mit konsequentem Training und notfalls mit Medikamenten beheben lässt. Inzwischen habe ich gelernt, meine Beschwerden auch als ein *Frühwarnsystem* zu verstehen, das anschlägt, wenn ich zu schwer an etwas trage. Bis heute reagiere ich zwar oft erst einmal genervt, wenn sich meine körperliche Schwachstelle schmerzhaft bemerkbar macht. Doch wenn mir dies bewusst wird, dann finde ich aus meiner Abwehrhaltung heraus. Anstatt mich zu fragen, wie ich den Schmerz so schnell wie möglich loswerde, frage ich mich, woher der Schmerz kommt und was er mir sagen will.

Es gibt auch andere typische Körperpartien, die wie eine Alarmanlage bei Stress reagieren. Körperpartien, in deren Befinden sich unser seelisches Erleben widerspiegelt. Solche Signale können z. B. Schmerzen im Nacken- oder Kopfbereich sein oder Funktionsstörungen des Verdauungstraktes oder Herz-Kreislauf-Systems. Jede Person hat ihre ganz individuelle Schwachstelle, die sich in einer belastenden Situation als Erste zu Wort meldet. Auch Sie tragen einen solchen Seismografen in sich, der Sie auf Beschwernisse aufmerksam macht und Ihnen dadurch ermöglicht zu reagieren. Kennen Sie Ihr persönliches Frühwarnsystem, das bei großem seelischem Druck anschlägt? Und achten Sie (auf) es?

Sich die Welt schön essen

So wie sich unser seelisches Erleben körperlich niederschlägt, so beeinflussen wir auch umgekehrt mittels unseres Körpers unseren Gefühlshaushalt. Ein Beispiel: der Konsum von Nahrung und Medien. Im Job ist heute etwas nicht gut gelaufen. Unzufrieden steigen Sie ins Auto, um Ihr Kind vom Sport abzuholen. Sie geraten in einen Stau, und bis Sie die Turnhalle erreichen, hat Ihr Kind Ihnen bereits drei WhatsApp-Nachrichten geschickt: „Wo bleibst du denn?!" Als Sie zu Hause ankommen, springt der Hund begeistert an Ihnen hoch, denn die Runde durch den Park gehört zum Abendprogramm – nur stößt er in seiner Freude die Vase um. Na prima! Nach einem leicht angespannten Essen mit der Familie schalten Sie den Fernseher an, „nur mal sehen, was noch läuft". Plötzlich ist es Mitternacht. Sie haben sich durch die Programme gezappt, eine Tüte Chips verdrückt und eine halbe Flasche Wein hinuntergeschüttet. Durch diese Ablenkungsmanöver haben Sie nicht so stark gespürt, dass Sie sich mies oder genervt fühlen. Sie haben sich ein bisschen verwöhnt, und trotzdem stehen Sie ermattet auf. Der Abend fühlt sich fad und klebrig an und es bleibt ein schaler Nachgeschmack. Sie haben gegessen und getrunken und sind dennoch nicht wirklich satt und zufrieden geworden.

Kennen Sie solche oder ähnliche Erfahrungen? – Oft dienen Nahrungsmittel dazu, die eigenen Gefühle zu regulieren: Sich mit Essen zu verwöhnen ist ein leicht gangbarer Weg, um sich glücklich zu machen, zumindest kurzfristig. Mit Süßigkeiten lässt sich der saure Alltag versüßen. Probleme kann man durch Tabakgenuss vorübergehend in Rauch auflösen oder durch Alkohol hochprozentig vergessen. Mit solchen Ersatzstrategien lassen sich angenehme Gefühle herstellen oder verstärken und unangenehme hinunterschlucken. Doch wenn wir ein Loch stopfen wollen, dessen Grund nicht im Hunger liegt, wird keine Mahlzeit dieser Welt diese Leere füllen können! Das maßlose Essen soll einen emotionalen Hunger – etwa nach Gesehenwerden oder Sicherheit, nach Anerkennung oder Geborgenheit – stillen und schmerzliche Gefühle wie Ohnmacht oder Einsamkeit, Wut oder Angst betäuben. In solchen Fällen verwenden wir Nahrung als Arznei – doch es ist das falsche Medikament. Wir sehnen uns nach mehr Lebensfülle, erreichen aber nur mehr Leibesfülle.

Die meisten Leute können ihr Essverhalten nicht zu jeder Zeit gleich gut kontrollieren. Immer mal wieder gibt es Phasen, in denen sie achtlos oder unkontrolliert essen. Manche machen sich dann selbst nieder, dass sie sich so wenig im Griff haben, und ärgern sich über ihre mangelnde Selbstbeherrschung. Andere stellen sich in solchen Situationen regelmäßig auf die Waage in der Hoffnung, dass der unerbittliche Realitätsschock ihnen hilft, ihr Körpergewicht leichter in den Griff zu kriegen. Aber wir Menschen funktionieren nicht wie eine Maschine, die man per Knopfdruck auf „reduzierte Kalorienzufuhr" umstellen könnte. Hinter Gewichtsproblemen stehen häufig Gewichtungsprobleme. Mit Druck und Selbstvorwürfen zu operieren führt nicht unbedingt weiter. Wohl aber kann es helfen, anstelle des Körpergewichts mal *das eigene Leben auf die Waage zu stellen*.

Dies können Sie etwa in folgender Weise tun: Nehmen Sie innerlich die Position einer guten Freundin oder eines guten Freundes ein. Stellen Sie sich vor, dass Sie beide ungestört zusammensitzen und dass Ihr Gegenüber Sie wohlwollend auf etwas anspricht. Zum Beispiel auf Ihr unkontrolliertes Essen, Ihren Alkohol- oder Zigarettenkonsum, Ihr stundenlanges Chatten oder Fernsehen, Ihren Kaufzwang … Und dass er Sie anschließend interessiert fragt: „Hast du den Eindruck, du bist im Lot oder aus der Balance geraten? Gibt es typische Situationen, wann du dich mit etwas vollstopfst? Was spürst du in solchen Momenten? Und wenn du auf das *Jetzt* schaust: Hat etwas zu wenig Raum in deinem Alltag? Was wünschst du dir, um dich wieder zufriedener zu fühlen?"

Vielleicht weckt dieses (Selbst-)Gespräch erst einmal Unbehagen in Ihnen, und Sie möchten es schnellstmöglich abbrechen. Dann denken Sie daran: Ein Freund oder eine Freundin stellt Ihnen diese Fragen nicht, um Sie bloßzustellen oder fertigzumachen. Er oder sie möchte vielmehr, dass es Ihnen gut geht! Ob Sie sich selbst auch einen solchen Freundschaftsdienst erweisen wollen?

Möglicherweise stoßen Sie in einem solch freundlichen Selbstgespräch auf ein Ungleichgewicht in Ihrem Leben. Vielleicht kommt etwas zu kurz, das wirklich Bedeutung für Sie hat, und anderes nimmt übermäßig viel Raum ein. Mit einem klärenden Selbstgespräch sind Sie einen wichtigen ersten Schritt gegangen! Denn durch die Bewusstwerdung können Sie besser für sich selbst sorgen. Sie können manches neu austarieren und in Balance bringen.

Dazu gehört auch, mittels körperlicher Fürsorge für Ihre Seele zu sorgen.

Sich gehen lassen

Unser Körper vermag vieles zu verarbeiten, was die Seele belastet. Viele erleben beispielsweise das Pilgern als einen guten Ausgleich. Auch dies ist ein Grund, warum ich jedes Jahr mit einer Gruppe junger Erwachsener zu Fuß nach Assisi pilgere. Im Rucksack haben nur die wichtigsten Dinge Platz. Der überflüssige Ballast bleibt zu Hause. Und so wie die jungen Leute nur Elementares bei sich tragen, so wächst unterwegs auch ihre Aufmerksamkeit für das Wesentliche. Wenn sie stundenlang in den offenen Horizont hineinwandern, weitet sich mancher innere Tunnelblick. Gemeinsam mit anderen neues Land unter die Füße zu nehmen, wird für sie zu einer inneren Entdeckungsreise: Was bewegt mich? Wohin zieht es mich? Was schleppe ich mit mir herum? – Schon viele haben auf diesen Wegen Entscheidungen getroffen, die sie lange vor sich hergeschoben hatten. Das verwundert nicht, haben sie doch ihren Körper als Seismografen erfahren: als ein feines Instrument, das ihnen mitteilt, ob eine Entscheidung für sie stimmig ist oder nicht. Lässt mich eine Alternative verkrampft und hart werden oder fühlt sich der Gedanke daran in meinem Körper weit, offen und fließend an?

Natürlich werden wir im Alltag nicht nach Assisi pilgern können. Aber immer finden sich Möglichkeiten, dass wir uns – wörtlich verstanden – gehen lassen. Dass wir uns in Bewegung setzen und die Lebenskräfte in Gang bringen. Im Gehen lösen sich Blockaden, und Ziele kommen wieder in den Blick. Wenn sich Gedanken und Gefühle zu einem festen Knäuel verknotet haben, schafft das Gehen äußeren und inneren Raum. Wir gewinnen ein Stück Distanz zu dem, worin wir vorher verstrickt gewesen sind. Dinge ordnen sich und der ruhige Rhythmus des Gehens überträgt sich auf uns selbst.

Es empfiehlt sich, auf solchen Wegen die üblichen Ablenkungen zu vermeiden, damit man auch wirklich Ruhe findet. Beim Gehen noch Telefonate zu erledigen oder Mails zu checken richtet die Aufmerksamkeit auf das, was wir eigentlich hinter uns lassen wollen. In diesem Fall lenkt ein Autopilot die eigenen Schritte, während man selbst ganz woanders ist. Kein Wunder, dass einen in solchen Momenten die heilsamen Wirkungen des Gehens nicht erreichen! Auch aus diesem Grund gehören elektronische Medien bei den Pilgertouren zum überflüssigen Ballast, den ich empfehle, zu Hause zu lassen. Am Anfang verstört das Abschneiden der digitalen Nabelschnur einige der jungen Leute. Sie fühlen sich isoliert und befremdet: „Nur noch ich – ohne Anschluss an den Rest der Welt." Doch schon nach kurzer Zeit entdecken sie den Reichtum der analogen Gegenwart. Verbinden sich mit dem Hier und Jetzt.

2. Hier bleibt die Zeit stehen

Die verwitterte Aufschrift bemerken wir erst, als wir stehen bleiben und das aus groben Steinen gebaute Haus der Einsiedlerin näher betrachten. Die geöffnete Türe lädt unsere Pilgergruppe ein, den schattigen Innenhof zu betreten. Über dem Türrahmen hängt eine alte Uhr. Ihr Zifferblatt ist verblichen, ihr verrostetes Räderwerk liegt offen zutage. Und daneben dieses Schild: „Hier bleibt die Zeit stehen."

Wir tauchen in die stille Atmosphäre der 700 Jahre alten Einsiedelei ein: kein Blick auf die Uhr, der mich zu Aufbruch oder Eile mahnt. Nichts und niemand will hier etwas von mir. Einfach nur da sein und die Kostbarkeit des Augenblicks spüren. Fragloses Einverständnis mit mir und dem Leben.

In der Überfülle der äußeren Ansprüche und inneren To-do-Listen, die einen wegzuschwemmen drohen, sehnen sich heute viele Menschen nach einer solchen Unterbrechung – und dies aus gutem Grund. Denn nur, wenn wir wirklich im Kontakt mit uns selbst stehen, erleben wir die Qualität des Augenblicks: die Schönheit eines Sonnenuntergangs, die Tiefe einer Begegnung und auch den Schmerz eines Abschieds. Entsprechend sind die schönsten Erinnerungen stets Erlebnisse, für die wir uns Zeit genommen haben. Genauer gesagt: für die wir uns *jene* Zeit genommen haben, die den jeweiligen Erlebnissen zukommt. Erfüllende Begegnungen oder Gefühle wie Wut und Trauer, Freude und Genuss haben nämlich ihr eigenes Zeitmaß. Sie lassen sich nicht mit Kalender und Stoppuhr planen, sondern haben ihr spezifisches Tempo. Sie kommen und gehen, wann *sie* wollen – und nicht, wann wir es für richtig halten. Wenn wir diese Eigenrhythmik nicht respektieren, sondern übergangslos von einem Erleben ins andere stolpern, dann verblassen und veröden die Erfahrungen. Dann geht alles Schlag auf Schlag, und vielleicht fühlen wir uns auch deswegen oft so erschlagen.

Dazu kommt: Wir Menschen haben unseren individuellen Rhythmus, um Erlebnisse zu verdauen oder um uns über etwas klar zu werden. Wenn wir uns diese Zeit nicht nehmen, dann nehmen wir uns das Leben. Wir nehmen uns das *eigene*, selbstbestimmte Leben. Wenn wir jedoch innehalten, dann finden wir Halt in uns selbst. Wenn wir uns selbst spüren, kommen wir dem auf die Spur, was uns wichtig ist. Wer wir sind und wer wir sein wollen.

Doch Momente, in denen die Zeit stillsteht, sind selten. Und sie unterliegen einem Rechtfertigungszwang. Schnell meldet sich der (Selbst-)Vorwurf zu Wort, dass man sich um wertvolle Zeit bringe, um eine Zeit, die sich doch viel effektiver nutzen ließe. „Wirf alles weg von dir, Nachdenken und stille Besinnung … sonst kommst du zu spät in den Zeitexpress hinein", spottete Søren Kierkegaard bereits im 19. Jahrhundert. Heute führt bei vielen der Weg direkt aus dem Bett zum Smartphone oder Computer, um noch schnell die Mails zu checken. Lieber ein Leben im pausenlosen Bereitschaftsmodus führen, als den Eindruck haben, dass man die Stunden nicht minutiös nutze. Wer Zeit hat, gilt manchen als verhaltensauffällig.

Ein merkwürdiger Widerspruch tut sich hier auf: Einerseits wünschen sich die meisten, dass die Zeit auch mal stehen bleibt und sie mehr zu sich kommen können. Andererseits werten sie Innehalten als Zeitverschwendung ab und hetzen rastlos durch den Tag. Den allzeit Tätigen und Ruhelosen wird Achtung entgegengebracht. Einen Grund für diesen gelebten Widerspruch haben wir bereits in den Blick genommen: die Angst vor dem Alleinsein und davor, sich selbst zu begegnen. Ich vermute, dass sich ganze Fußballstadien füllen ließen mit pausenlos aktiven ‚Busyholics‘, die durch ihr permanentes Beschäftigtsein ein Treffen mit sich selbst, mit schwierigen Gefühlen und belastenden Gedanken vermeiden wollen. Als ob uns die Wahrheit unseres Lebens nicht einholen könnte, solange wir keine Zeit haben …

Mit der Stoppuhr durch den Tag

Ein weiterer Grund des gehetzten Lebensgefühls liegt in der allherrschenden Beschleunigung. Unter dem Zwang des „immer schneller, immer mehr" leidet wohl fast jede und jeder. In vielen Unternehmen geistert das Kürzel ASAP (as soon as possible) durch den Betrieb. Parallel dazu erhöht sich das persönliche Lebenstempo – auch weil die individuelle Zeitgestaltung längst dem Diktat der internalisierten Stechuhr unterliegt. Diese raunt von Sekunde zu Sekunde: „Zeit ist Geld. Zeit ist Geld." Das ökonomische Denken hat längst alle Lebensbereiche erobert und macht uns glauben: Du darfst nicht müßig, sondern musst immer erreichbar sein, etwas leisten und die Zeit optimal nutzen. Wie lösen wir uns aus dem Klammergriff der dahinrasenden Zeit? Wie finden, besser noch: wie gewinnen wir den Raum zurück, in dem die Eigenrhythmik unseres persönlichen und sozialen Lebens Platz und Geltung hat? Wie können wir uns von Erschöpfung als Statussymbol befreien und Muße und kontemplatives Leben stärken?

Ein wichtiger Schritt: *Checken Sie immer mal wieder bei sich selbst ein!* Finden Sie heraus, wie Sie gerade drauf sind, was Sie beschäftigt und bewegt. Kommen Sie zu sich selbst zurück und nehmen Sie bewusst wahr, was im jeweiligen Moment um Sie herum und in Ihnen geschieht. Denn allein der gegenwärtige Augenblick – der Augenblick, den Sie *jetzt* leben – ist wirklich! Eine solch präsente Haltung lässt sich durch kleine und unkomplizierte Weichen-stellungen fördern. Es lohnt sich beispielsweise, die vielen kleinen Übergänge und Pausen zu entdecken, die der Alltag bereithält: die Zeit, die zwischen dem Abschluss einer Tätigkeit und einer neuen liegt. Der Gang zum Kaffeeautomaten vor der Kantine. Die Warte-zeit beim Friseur oder vor dem Schulhof, wenn Ihr Kind noch mal zurückrennt, weil es seiner Freundin noch was geben muss.

Häufig erleben wir erzwungene Pausen als vergeudete Zeit und reagieren genervt. Denn wenn wir warten, tun wir nichts und tut sich nichts – und dies ist nur schwer erträglich. Doch solche Zwi-schenzeiten bergen in sich die Chance, aus dem Betriebsmodus aus-zusteigen – etwa dadurch, dass wir achtsam unsere Umwelt wahr-nehmen. Wenn wir unsere Sinne aktivieren, wenn wir bewusst hören, sehen, riechen, dann sind wir im Hier und Jetzt. Wir wan-dern mit unseren Gedanken weder in die Vergangenheit zurück noch eilen wir in die Zukunft voraus, sondern kommen in die Ge-genwart. Eine andere Möglichkeit wäre, dass wir in solchen unge-wollten Wartezeiten unseren inneren Sinn aktivieren und spüren, was in uns vorgeht: Freude über eine unverhoffte Begegnung, Ärger über einen Misserfolg, ängstliche Gedankenkarussells oder beflü-gelnde Tagträume. Wenn wir uns selbst Aufmerksamkeit schen-ken, verwandelt sich die verschwendete, verschenkte Zeit in eine geschenkte Zeit, in der wir zu uns kommen können.

Zweifelsohne spiegelt die Zeitnot ein *gesellschaftliches Strukturpro-blem* wider! Daher ist es vor allem auch eine gesellschaftliche Auf-gabe, an den Motoren der permanenten Beschleunigung anzuset-zen und beispielsweise Rahmenbedingungen zu entwickeln, die auch den „Zeitwohlstand" im Blick haben. Die moderne Arbeits-welt zwingt uns häufig unrealistische Zeitpläne auf und führt zu immer weiter steigenden Belastungen. In Pflege- und Altersheimen betreuen immer weniger Pflegekräfte immer mehr Bewohnerinnen und Bewohner und haben darüber hinaus noch wachsende Dokumentationspflichten. Oder Unternehmen werden „verschlankt", um auf dem freien Markt bestehen zu können – was oft zwangsläufig dazu führt, dass weniger Personen mehr leisten und erwirtschaften müssen. Diesen zunehmenden Zeit- und Technikstress sowie Leistungsdruck können wir Menschen in einem gewissen Rahmen bewältigen. Wächst der Druck aber zu stark, kommt es zur vielfach geäußerten Klage: „Ich bin so gestresst!" Oder jemand rutscht in ein Burnout – ein Zustand, in dem er oder sie körperlich und emotional ausgesprochen erschöpft und reduziert leistungsfähig ist.

Doch Stress und Burnout werden nicht allein durch äußere Umstände erzeugt. Natürlich, Stress im Job kann an einem Zuviel an Arbeit liegen. Da verlangt es der Betriebsablauf, dass jemand zu lange arbeiten oder zu viel in zu kurzer Zeit schaffen muss. Doch Ursachen für einen allzu hohen Stresspegel können ebenso auf der seelischen Ebene liegen. Ein möglicher Grund liegt in der verinnerlichten Tendenz zur *Selbstoptimierung*: Wir selbst muten uns zu viel zu.

Für die IT-Leiterin einer großen Krankenhaus-Holding stand es außer Frage, dass sie während der Jahre, in denen ein neues Softwaresystem entwickelt und eingeführt wurde, rund um die Uhr erreichbar war. Mit feuriger Begeisterung und hohem Selbstanspruch widmete sie sich der Aufgabe, dass der innerbetriebliche Datentransfer reibungslos und effektiv funktionierte. Die Leidenschaft für ihre Tätigkeit, die Anerkennung durch die Geschäftsführung und stetig steigende Gehaltsbezüge bescherten ihr viele Glücksgefühle. Doch gleichzeitig rückten andere Lebensziele unmerklich in den Hintergrund und sie verlor manches aus dem Blick. Zum Handballtraining ging sie kaum noch und meldete sich schließlich ganz ab. Die abendlichen Treffen mit ihrer Freundin wurden seltener und für den einst so geliebten Kinobesuch fand sie schlicht keine Zeit mehr. Was als Selbstverwirklichung begonnen hatte, entpuppte sich zeitlich verzögert als Selbstausbeutung. Rückblickend sagt die IT-Frau heute: „Ich rannte rastlos in einem Hamsterrad. Aber von innen sah das Hamsterrad aus wie eine Karriereleiter! Ich wähnte mich als meine eigene Chefin und mutierte unter der Hand zu meiner eigenen Ausbeuterin."

Typische Elemente, die zu überforderndem Stress führen, werden hier deutlich: Eine mangelnde Kraft oder Bereitschaft, Widerstand zu leisten und Nein zu sagen, führt zu einer grenzenlosen Verfügbarkeit. Doch ohne Grenzen verlieren wir Menschen uns selbst. Wer Grenzenlosigkeit zelebriert, spürt sich irgendwann nicht mehr und kann in der Folge auch nicht mehr zu sich stehen. Damit hängt zusammen: Viele stellen so hohe Ansprüche an sich selbst, dass sie pausenlos hinter den eigenen Erwartungen hinterherrudern. Ihr überspannter Anspruch, stets das Beste zu geben und selbst dies noch einmal zu optimieren, wirkt umso effizienter, als er mit einem Gefühl von Freiheit einhergeht. Denn oft steht heute nicht mehr fremdbestimmte Pflicht im Vordergrund. Vielmehr treiben *wir selbst* uns zu überhöhter Eigenleistung an – ob im Job, in der Familie, im Schulelternbeirat oder in der Freizeit.

Der Philosoph Byung-Chul Han äußert die Ansicht, dass sich die überzogene Leistungsmaximierung dem modernen Motto verdankt: „Nichts ist unmöglich." Diese Devise bezeichnet er als den „Gott der neuen Zeit". Wer diesem „Gott" huldigt, kreuzt sich zurück zum Arbeitstier, zum ‚animal laborans'. In dieser Entwicklung ist man Täter und Opfer zugleich. Man opfert Muße und Kreativität, Beziehungen und persönlichen Freiraum, Werte und Ziele.

Wie will ich leben?

Wie können wir unsere Freiheit zurückgewinnen? Wie lernen wir, uns selbst ernst zu nehmen und zu respektieren? Denn erst dann werden wir fähig, das zu tun, was uns entspricht – und das zu lassen, was uns widerspricht.

Ich bin davon überzeugt: *Wir brauchen eine tiefe, unter die Haut gehende Einsicht in unsere Begrenztheit.* In die Begrenztheit unserer Kraft und Lebenszeit. In die Begrenztheit der natürlichen Ressourcen und der Machbarkeit von Dingen und Verhältnissen. Damit geht das Wissen darum einher, dass wir das wirklich Wichtige und Wesentliche unseres Lebens nicht herstellen können. Vertrauen ins Leben, spontane Freude, tiefe Freundschaften sind Geschenke, die wir nicht machen, sondern nur empfangen können.

Es klingt paradox, ist aber hilfreich: Um diesen Lebensrealismus zu lernen, lohnt es sich, bei Sterbenden in die Schule zu gehen. Viele von ihnen sehen nämlich im Rückblick die Dinge und Verhältnisse in einem helleren Licht und erkennen mehr deren wahres Gewicht. In ihrem Buch „Fünf Dinge, die Sterbende am meisten bereuen" erzählt die Australierin Bronnie Ware von persönlichen Begegnungen und berührenden Gesprächen mit Sterbenden, in denen diese Bilanz ziehen. Fünf Versäumnisse kommen darin immer wieder zur Sprache. Eines davon lautet: „Ich wünschte, ich hätte nicht so viel und so hart gearbeitet." Menschen, die ihre Selbsterfüllung ausschließlich in Arbeit und Aktivität gesucht haben, kommen am Ende ihrer Tage häufig zur schmerzlichen Erkenntnis, dass sie das Leben an sich haben vorbeiziehen lassen. Sie bereuen: Ich habe das Wichtigste im Leben verpasst, das Leben selbst!

Der Blick vom (gedachten) Ende her zurück auf das Leben wirkt erhellend, ja in unserer Gesellschaft geradezu umstürzlerisch: Er stößt den „Gott" der Moderne „Nichts ist unmöglich" von seinem

Thron und entlarvt ihn als lebensfeindliche, zerstörerische Illusion. Und er enttarnt das entsprechende Credo „Ich soll immer besser werden, denn die Möglichkeiten sind da!" als heillose Überforderung. Wenn wir uns von dieser Einsicht leiten lassen, dann liegt in ihr eine riesige, neue Kräfte freisetzende Sprengkraft. Natürlich, es tut weh, wenn Sie entdecken sollten: „Ich habe mich weit von dem entfernt, was ich gut leben kann und will. Ich bewege mich durch meinen Alltag wie durch einen engen Korridor, der mir so wenig Spielraum lässt, dass ich kaum nach links oder rechts schaue." Von diesem Gefühl berichten Betroffene immer wieder.

Doch ein solcher Schmerz ist ein heilsamer Schmerz. Denn er lässt Sie spüren, wie unsagbar kostbar Ihre begrenzte Lebenszeit ist! Er zeigt Ihnen die Würde und Einzigartigkeit jeden Augenblicks. Er erinnert Sie an entscheidende Fragen: Wie will ich leben? Was macht mich glücklich? Wozu bin ich auf der Welt?

Wenn Sie vom Ende her leben, kann Ihnen dies im doppelten Wortsinn *Halt* geben: Der Tod konfrontiert Sie mit seinem unwiderruflichen und unausweichlichen „Halt!" Dieses „Halt!" hält Sie dazu an, zu fragen, was Ihnen wirklich wichtig ist. Und es ermahnt Sie, dies dann auch zur rechten Zeit zu tun. Das Leben vom Ende her kann daher einen inneren Halt verleihen: Es kann Ihnen Rückhalt geben, um klar *Nein* zu sagen und Grenzen zu ziehen. Und es hilft Ihnen, entschieden zu bejahen und zu ergreifen, was Sie leben wollen. Das Wissen, dass die eigene Zeit begrenzt ist, ruft Sie zur Loyalität sich selbst und dem Leben gegenüber auf.

3. Eine Kultur des Genug

Es braucht Mut und einen guten Selbststand, um den äußeren und inneren Stimmen, die zur ständigen (Selbst-)Optimierung antreiben, entgegnen zu können: „Nein! Es ist genug!" Ein solches *Nein* kann zum Beispiel bedeuten: „Ich übernehme diese Aufgabe nicht, auch wenn ich andere dadurch enttäusche." Oder: „Ich backe jetzt weder einen Kuchen noch besorge ich den Tischschmuck für das Chortreffen, selbst auf die Gefahr hin, dass das Buffet dann weniger reichhaltig und schön wird." Oder: „Ich besuche den Kurs ‚Gelassener leben' nicht und lasse stattdessen fünf gerade sein."

Indem wir unsere Grenzen und die der anderen respektieren, entwickeln wir Schritt für Schritt eine Kultur des Genug. Indem wir darauf achten, wie viel wir bewältigen können, was uns wichtig ist und worauf wir verzichten wollen, schaffen wir uns Räume jenseits von Funktionieren und Leistung. Wir gewinnen Spielräume, in denen wir mehr zu uns selbst kommen können. Die Erfahrung zeigt nämlich: Je mehr wir das Gespür für unsere Grenzen kultivieren und eine entsprechende Kultur des Genug pflegen, umso tiefer verbinden wir uns mit dem, worauf es uns wirklich ankommt. Leben wir verstärkt unser *eigenes* Leben und nicht das, was andere von uns erwarten. Werden wir mehr wir selbst. Meistens sind wir dann langsamer, stiller und genügsamer, als wir oder andere es von uns erwarten.

Die besagte IT-Leiterin hat ihre Arbeit umstrukturiert. Sie verlässt nun am späten Nachmittag den Betrieb und schirmt sich besser gegen die Flut von E-Mails, Sprachnachrichten und SMS ab. Als Wellenbrecher dient ihr zum Beispiel eine Prioritätenliste: Was muss heute unbedingt erledigt werden? Was kann warten? Was lasse ich mit Absicht liegen? Einen weiteren Damm bildet der Zeitrahmen:

Über Monate hinweg hatte sie erst ab 21 Uhr die Mails beantwortet oder ist morgens um 5 Uhr aufgestanden. Sie war dann zwar selbst völlig erledigt, aber es war auch im Büro alles erledigt. Heute wissen ihre Kolleginnen und Kollegen, dass es einige Tage dauern kann, bis sie antwortet. Und sie hat darum gebeten, unnötige Nachrichten zu vermeiden. Dies zu kommunizieren und durchzuhalten, kostete sie echte Selbstüberwindung. Ihr hockte die Angst im Nacken, Grenzen zu ziehen und *Nein* zu sagen. Doch jedes Mal, wenn sie ihrer Angst, fortan schief angesehen zu werden, oder dem Gefühl, dass es peinlich sei, jetzt abzusagen, mutig die Stirn bot, fühlte sie sich ein Stück „kompakter". Mehr im Einklang mit sich selbst.

Durch diese und andere klare Weichenstellungen schützt sich die Abteilungsleiterin davor, dass äußerer und innerer Druck in dauerhafte Überforderung münden. Vor allem aber hat sie ihren Lebensfunken entdeckt und entfacht, der unter der Asche ihrer Erschöpfung glimmte: ihren lang gehegten Traum, Klavier spielen zu lernen. Wenn sie sich heute abends ans Klavier setzt, vergisst sie die Zeit und sich selbst.

Hier darf ich sein

Um der Tretmühle der Arbeit und dem pausenlosen Beschäftigtsein Grenzen setzen zu können, braucht es die Kunst des Aufhörens. Doch wo lernen wir diese Kunst? Und vom wem lernen wir sie?

Ein Ort, an dem die Kunst des Aufhörens und der Ruhe gepflegt wird, findet sich klassischerweise in den Religionen. Von jeher charakterisiert es glaubende Menschen, dass sie den Alltag regelmäßig unterbrechen. Sie lassen die Arbeit ruhen aus der Überzeugung heraus, dass sie unter ihrem Niveau blieben, wenn sie nur für die Arbeit und den Konsum leben würden. Dass sie zu Höherem berufen sind.

Werfen wir einen kurzen Blick auf eine *Spiritualität des Genug.* In der christlichen Tradition gibt es an jedem Tag etwas zu feiern. Jeder Wochentag mündet in den von Verpflichtungen freien *Feierabend* (die Wochentage werden daher in der Tradition der kirchlichen Liturgie entsprechend ‚feriae‘ genannt). Vor allem aber bedeutet der biblische Sabbat eine kulturgeschichtlich bedeutende Errungenschaft, denn hier ereignet sich Pause in höchster Instanz: Gott selbst ruht nach sechs Arbeitstagen aus. So erzählt es die bekannte biblische Schöpfungsgeschichte, die im sogenannten babylonischen Exil, also in einer Zeit der Arbeitssklaverei und Ausbeutung, entstanden ist. In der erwähnten Geschichte ruft Gott den Kosmos in sechs Tagen ins Dasein. Und dann heißt es: Am siebten Tag vollendete Gott sein Werk. Er ruhte an diesem Tag. Er segnete ihn und erklärte ihn für heilig (vgl. Genesis 2,2 f.). Erst durch den Ruhetag des Sabbats kommt also die Schöpfung zur Vollendung. Dies zeigt: Nicht allein das Schaffen, sondern ebenso das Ruhen ist heilig. Und wenn der Text vom Menschen als „Ebenbild Gottes" spricht, deutet er an: Sowohl wenn Menschen etwas hervorbringen oder gestalten, als auch wenn sie ruhen und verweilen, geben sie dem Göttlichen Raum.

Die biblische Weisung „Halte den Sabbat heilig!" fordert auf und ermutigt: „Sei so frei: Unterbrich den Alltag! Widersetze dich der Versuchung, die Arbeit, das Machen und Konsumieren absolut zu setzen! Gönne dir und anderen unverzweckte Räume der Muße, in denen du einfach sein kannst!" Das Sabbatgebot verteidigt unsere Freiheit gegen die Diktatur einer Leistungsgesellschaft und hat daher größte Aktualität. Doch seine entscheidende Aussage liegt nicht in diesem Appell, sondern in dessen religiöser Begründung. Diese lässt sich so formulieren: „Erinnere dich daran, dass *du selbst* einen Lebenswert hast, den du dir nicht verdienen musst, ja nicht einmal verdienen kannst. Deine Würde hängt weder am Nettogehalt noch daran, was du leistest oder aus dir machst. Vielmehr kannst du darauf vertrauen: Du *bist* unendlich wertvoll! Geborgen in göttlicher Liebe. Dein Name – ein Liebkosename. Unaufhörlich."

Als Christin bin ich davon überzeugt, dass Liebe das tiefste Geheimnis unseres Lebens ist und die innerste Mitte von allem. Das Gespür für diese Wirklichkeit kann in den kleinen Dingen aufkeimen: beim Hören einer Musik, beim Geruch eines geliebten Menschen, beim Geschenk an einen Freund, beim Meditieren eines Bibeltextes. Christliches Leben besteht darin, dass wir wach werden für dieses verborgene Licht, das durch die Haut der Dinge schimmert. Dass wir aufmerksam werden auf den geheimnisvollen Grund unseres Lebens und immer mehr aus ihm leben – egal ob wir schöpferisch tätig sind oder ob wir ruhen.

Ein solcher Glaube ist ein Freiheitsimpuls erster Güte! Er befreit von der gängigen Annahme, dass ich mir den Feierabend, ein verlängertes Wochenende oder ein Sabbatical erst verdienen muss – eine Überzeugung, die der Refrain „Das haben wir uns verdient" des gleichnamigen Songs von Grooveminister auf den Punkt bringt: „Ich würde so gerne leben, schlafen, träumen. Mann, ich hab die Arbeit satt … Für heute haben wir wirklich genug gemacht, wir nutzen den Tag und die Nacht. Das haben wir uns verdient."

Wer sein Leben im Licht des Glaubens betrachtet, erkennt hingegen, dass er sich den Feierabend nicht zu verdienen braucht. Sowohl das ruhige Verweilen als auch die kreative Selbstverwirklichung sind ein göttliches Geburtsrecht jedes Menschen. Wer diesen umfassenden Grund seines Lebens erahnt, wird fähiger, sich von einem Leistungsdruck, der keine Grenzen kennt, kritisch zu distanzieren. Er entdeckt in seinem Innern einen „Raum", zu dem die lautstarken, antreibenden Stimmen keinen Zutritt haben. In diesem Raum steht die Zeit still.

Ein tägliches Ritual von mir besteht darin, dass ich zu Beginn meiner morgendlichen Gebetszeit meine Armbanduhr ablege, um mir bewusst vor Augen zu führen: „Jetzt will nichts und niemand etwas von mir. Im Geheimnis der göttlichen Gegenwart gilt: Hier bin ich Mensch. Hier darf ich sein." Wenn ich meine Meditation beende, dann lege ich meine Uhr wieder an. Und ich hoffe, dass ich mich mitten im oft viel zu schnellen Alltag an diesen inneren Freiheitsraum erinnere.

Möglicherweise sind Ihnen solche Überlegungen und Rituale fremd und Sie interessieren sich nicht für eine spirituelle Lebensdeutung. Doch ob Sie sich als gläubiger Mensch verstehen oder nicht oder ob Sie dazu keine Meinung haben – unabhängig davon gilt: Wenn Sie das Hier und Jetzt lebenswert gestalten wollen, dann brauchen Sie Räume und Zeiten, in denen Sie Ihr Leben aus einem Abstand heraus betrachten. In denen Sie über Ihre eigenen Motive und Wünsche nachdenken und dem Nachklang von Begegnungen und Ereignissen lauschen. Ein solches Time-off ist im beschleunigten Alltag heiß umkämpft und droht schnell unter die Räder zu kommen. Daher erweisen Sie sich einen Freundschaftsdienst, wenn Sie Gewohnheiten entwickeln, die Ihnen ein Innehalten ermöglichen – sei es im Tages- oder Wochenverlauf. Ihre Seele wird es Ihnen danken, wenn Sie sie atmen lassen und sich selbst Raum geben.

Drittes Kapitel

„ICH BIN GANZ OHR!"
DIE KRAFT DER GEFÜHLE

Im Vorbeigehen fragt mich Frau Z., wie es mir gehe. Sie fragt nicht, weil sie wissen will, wie es mir geht, sondern weil sie weitergehen will. Aber so geht es nicht.

Ein Freund, der viele Jahre in Italien gelebt hat, erzählte mir von der großen Spontaneität und Warmherzigkeit der Südländer. Am Anfang faszinierte ihn, wie schnell dort Beziehungen geknüpft werden. Jeden Morgen gab es in der Uni ein großes Hallo: „Buon giorno! Come stai?" Als er aber in Schwierigkeiten steckte, entdeckte er, wie oberflächlich die Frage „Wie gehts?" gemeint war. Als er nämlich seinen ‚amici' eines Tages antwortete: „Nicht so gut. Ich würde gerne mit dir reden. Hast du Zeit?", fanden die meisten schnell eine Ausrede – nach dem Motto: „So genau wollte ich das gar nicht wissen…"

Ob auch Sie solche Erfahrungen kennen? Da lastet etwas schwer auf Ihnen und Sie wollen es einem guten Freund erzählen, doch dieser sucht das Weite. Vielleicht harrt er auch höflichkeitshalber aus, geht aber innerlich auf Abstand und lässt Sie ungewollt spüren, dass er gedanklich aufstöhnt. Wir leben in einer Kultur des *Wir-lassen-einander-schön-in-Ruhe*. Eine Kultur, die höflich wirkt, aber viel mit

Ignoranz und Gleichgültigkeit zu tun hat. Oder auch mit der Unsicherheit, unbefangen nachzufragen, wenn jemand erzählt, wie es ihm *wirklich* geht. Dabei tut es doch unendlich gut, wenn wir uns füreinander ehrlich interessieren! Und wenn wir zeigen können, dass sich hinter unserer aufgeräumten Miene noch manche anderen Gesichter verbergen.

Was lässt sich aus diesen Beobachtungen für einen freundschaftlichen Umgang mit sich selbst gewinnen? Für den Wunsch, das *eigene* Leben zu leben? Wie in der Begegnung mit anderen, so gilt auch häufig im Blick auf die eigenen Gefühle und Stimmungen: „So genau will ich gar nicht wissen, was in mir los ist" – stattdessen stürzen wir uns ins quirlige Leben. Doch solange wir unsere Aufmerksamkeit primär auf die äußeren Dinge richten, leben wir nicht in Tuchfühlung mit uns selbst. Und das hat zur Folge: Wir leben, wie *man* eben lebt. Man fliegt einmal im Jahr in Urlaub, kauft sich das neueste Smartphone, verbringt je nach Altersstufe seine Zeit im Internet oder vor dem Fernseher und gibt sich der Illusion hin, ein ganz individuelles Leben zu führen. Doch im Grunde genommen handelt es sich um ein austauschbares Leben, in dem die aktuellen gesellschaftlichen Trends den Takt vorgeben. Oder die eigenen schwankenden Gefühle und Launen. Erst wenn wir mit unseren inneren Regungen im Kontakt stehen, werden wir fähig, ein Leben zu führen, das unseren eigenen Überzeugungen entspricht.

Doch mit den Gefühlen ist das so eine Sache…

1. Hörst du mir überhaupt zu?

„Ich fühle mich wie in einer Wäscheschleuder: Widersprüchliche Gefühle wirbeln mich durcheinander. Ich bin voll Wut über C. und kurz darauf tut sie mir leid. Kalte Verachtung und Trauer wechseln sich ab. Und all diese Gefühle nur den Bruchteil einer Sekunde voneinander entfernt." So notierte ich in mein Tagebuch in der Woche, als ich dieses Kapitel zu schreiben begann. Eine Person, für die ich mich beruflich und privat stark engagiert hatte, hatte mit einem Schlag alles über Bord geworfen, was ihr bis dahin heilig gewesen war. Über beide Ohren verliebt war sie von einem Tag auf den anderen aus ihrem bisherigen Leben ausgestiegen und ließ einen Scherbenhaufen zurück. Einige dieser Scherben schnitten auch mir tief ins Fleisch.

In solchen Momenten verstehe ich, warum Affekte und Gefühle einen negativen Ruf haben! Denn sie vermögen einen regelrecht zu besetzen und können uns manchmal sogar dazu bringen, Dinge zu tun, die wir hinterher bereuen. Natürlich kommen unsere Emotionen nur selten so machtvoll daher. Doch auch, wenn sie sich im grünen Bereich bewegen, haben wir oft den Eindruck, dass wir sie kaum beeinflussen können: Wir sehen die Telefonnummer der Freundin auf dem Display aufblinken und uns wird innerlich warm vor Freude. Wir verpassen den Zug und regen uns maßlos auf. Wir werden im Betrieb befördert oder im Verein geehrt und unsere Brust weitet sich vor Stolz …

Wie wir emotional auf Menschen oder Ereignisse reagieren, daran vermögen wir kaum etwas zu ändern. Während wir bei einem Konflikt die äußere Situation durch eine überlegte Wortwahl entschärfen können, stehen wir unserem Innenleben – unserer Wut, Angst oder Ohnmacht – hilfloser gegenüber. Gefühle steigen einfach in uns auf, und bisweilen vereinnahmen sie uns.

An diesem Punkt wird verständlich, warum Menschen sich häufig nur ungerne mit ihren inneren Reaktionen beschäftigen. Das Innenleben kann uns nämlich noch massiver bedrängen als die Außenwelt. Ja, ich bin davon überzeugt: Das Knäuel unserer Gefühle, Empfindungen und Gedanken bildet den größten Stressfaktor in unserem Leben! Kein Wunder, dass viele einen stressigen Alltag einer Begegnung mit sich selbst vorziehen. Ob darin auch ein Grund der gegenwärtigen Coolness vieler junger Leute liegt? In spöttischer Ironie und pseudoüberlegener Gleichgültigkeit lassen sie das wahre Leben als Show an sich vorbeilaufen. Doch wer nur cool ist, brennt für nichts und für niemanden. Ein ziemlich reduziertes Leben!

In einem Gespräch mit einem Bekannten wurde mir ein weiterer Grund deutlich, warum es manchmal so viel Mühe kostet, sich ehrlich dafür zu interessieren, wie es einem selbst geht: Im Beruf und Privaten bestens aufgestellt kommt es ihm vor allem darauf an, gut zu funktionieren. Alles, was den reibungslosen Ablauf seines Alltags gefährdet, stellt zugleich ihn selbst infrage. Eine große Gefahrenquelle für ihn: Gefühle und Stimmungen, die in sein Leben störend reinfunken. Glauben auch Sie, dass dieser Mann kein Einzelfall ist? – Affektivität hat in unserer von Effektivität bestimmten Gesellschaft keinen Platz. Wir sind derart in Funktionen und Abläufe eingespannt, dass wir für „den Bauch" oft „keinen Kopf" haben. Vor allem aber stören Emotionen den Betriebsablauf. Lähmende Traurigkeit oder helle Begeisterung bringen alles durcheinander. Und wer wütend aufbraust, anstatt souverän über den Dingen zu stehen, hat schon verloren. Daher sehen viele im rein Rationalen die entscheidende Instanz und gestehen Gefühlen bestenfalls noch eine private Spielwiese zu.

Gefühle werden in unserer Gesellschaft aber nicht nur abgewertet, sondern gleichzeitig schlägt das Pendel auch in die Gegenrichtung aus. Es gibt Strömungen, die dem Emotionalen die *Hauptrolle* auf der Bühne des menschlichen Lebens zuweisen. Nicht selten begegne ich Leuten, die ihrem Bauchgefühl eine Orakelfunktion zuschreiben. Ihr Eindruck „Das empfinde ich so!" gilt als Letztinstanz, die nicht mehr hinterfragt werden kann und darf. Und dies alles im Namen der viel beschworenen Authentizität. Doch Gefühle haben keinen Wahrheitsdetektor eingebaut. Sie kennen auch keine Werte wie Treue, Fairness oder Solidarität.

Falls Sie aus diesen Worten eine Abwertung herauslesen sollten, würden Sie mich missverstehen. Gefühlen vorzuwerfen, dass sie keine ethischen Werte kennen, wäre so ähnlich, wie wenn man dem menschlichen Herzen vorwerfen würde, dass es das Blut nicht reinigt. Das ist Sache der Leber. Ähnlich gehört es im Zusammenspiel unserer verschiedenen seelischen Kräfte nicht zur Stellenbeschreibung unserer Gefühle, Werte wie Ehrlichkeit oder Toleranz ins Spiel zu bringen. Das ist eine Sache der Vernunft. Das bedeutet im Umkehrschluss: Wer sich primär von seinen Emotionen steuern lässt, wird zum Spielball seiner spontanen und manchmal auch zerstörerischen Gefühle und Launen. Er gleicht einem Schiff, das ohne Kapitän orientierungslos mal in diese und mal in jene Richtung driftet. Ein solcher Mensch wirkt wie ein zufälliger Gast an Bord oder wie ein blinder Passagier. Wer das Steuerruder nicht in die Hand nimmt und seinem Leben keine Richtung gibt, lebt an sich vorbei!

Der Mensch, ein Zweibeiner

Ob wir Gefühle rigoros einzäunen oder sie pathetisch als das einzig Wahre beschwören, beide Male handelt es sich um ein Herrschaftsverhältnis: Entweder dominiert die Vernunft über die Gefühle oder umgekehrt die Gefühlswelt über die Vernunft. In beiden Fällen liegen wir mit einem Teil unserer selbst im Streit – zum Schaden für uns und für andere. Mit sich selbst übereinkommen bedeutet dagegen, dem Denken *und* dem Fühlen einen angemessenen Platz einzuräumen. Das Zusammenspiel zwischen den beiden jeweils neu auszubalancieren.

Die meisten Leute haben in dem Miteinander von Fühlen und Denken ein Stand- und ein Spielbein. Neigen also dazu, der Vernunft oder dem Gefühl spontan ein Vorrecht einzuräumen. Kennen Sie Ihr Stand- und Ihr Spielbein? Oder lassen Sie ein Bein vielleicht sogar verkümmern? Wie steht es sich auf nur einem Bein?

Wenn Sie über diese Fragen nachdenken, lohnt es sich, dass Sie nicht nur Ihre aktuelle Situation betrachten, sondern auch auf den Erfahrungsschatz Ihrer Vergangenheit zurückgreifen. Schauen Sie sich beispielsweise weitreichende Entschlüsse von sich an, die sich als tragfähig erwiesen haben: Welche Rolle spielten Vernunft und Gefühl in diesen konkreten Entscheidungsprozessen? Oder wenn Sie die großen Fehler Ihres Lebens Revue passieren lassen: Welche sind darauf zurückzuführen, dass Ihre Gefühle mit Ihnen durchgegangen sind? Und welche Fehler passierten, weil Sie Ihren Gefühlen zu wenig Wert beigemessen haben?

2. Gefühle haben viel zu sagen

Was sind Gefühle? Wie wirken sie? Und wie können wir gut mit ihnen umgehen und dadurch uns selbst und anderen einen Freundschaftsdienst erweisen?

Eines der fünf Dinge, die Sterbende am meisten bereuen, liegt nach Bronnie Ware darin: Ich wünschte, ich hätte Mut gehabt, meinen Gefühlen stärker Raum zu geben und Ausdruck zu verleihen. Warum? In Zeiten, in denen die eigenen Gefühle wie erstarrt sind, fühlt sich der Alltag leer, fad und bedeutungslos an. Gefühle bringen Farbe und Geschmack in unser Leben und setzen uns in Bewegung. Bereits ihre Vielfalt, ihre feinen Nuancen und ihr Spannungsreichtum sind erstaunlich: Wir sind motiviert und gelangweilt, liebevoll und hasserfüllt, neidisch und großherzig, verlegen und stolz, zärtlich und zornig, ohnmächtig und zuversichtlich, frustriert und begeistert, schwermütig und überschwänglich, bedrückt und erleichtert, geborgen und verlassen, gelassen und verärgert, teilnahmslos und euphorisch …

Manche unserer Gefühle verstehen wir sofort: Wenn meine Tochter schwer erkrankt, wundert es mich nicht, dass ich Angst um sie habe. Oder wenn ich beim Lotto das große Los gezogen habe, ist mir sonnenklar, warum ich so strahle. Andere Aspekte unseres Gefühlslebens hingegen bleiben undurchsichtig und entziehen sich unserem Verstehen. Doch allen Gefühlen ist gemeinsam, dass sie mit fühlbaren Körperreaktionen einhergehen: mit Körperspannungen oder -entspannungen. Deswegen spricht man auch von *Gefühlen*, also von etwas, das man fühlen kann, so wie man einen sanften Sommerregen auf der Haut oder bohrenden Zahnschmerz spürt. Den engen Zusammenhang von Gefühlen und körperlichen Reaktionen drückt unsere Sprache vielfältig aus: Angst schnürt einem den Hals zu, Wut liegt schwer im Magen, Sorgen drücken uns nieder, wir schweben vor Glück und Verliebte spüren Schmetterlinge im Bauch.

In dieser engen Verbindung von Gefühlen und körperlichen Reaktionen liegt eine Chance für Ihr Vorhaben, sich selbst besser kennenzulernen und Freundschaft mit sich zu schließen: Indem Sie Ihre Sensibilität für Ihren Körper und seine Spannungs- und Entspannungszustände schärfen, machen Sie sich mit Ihren Gefühlen und Stimmungen vertrauter. Und selbst wenn Sie manchmal nur ein leises körperliches Symptom spüren sollten, liegt darin eine hilfreiche Erfahrung. So geht es zumindest mir: Besonders in bedrängenden Situationen, z. B. in Konflikten, weiß ich häufig noch gar nicht, was in mir vorgeht. Aber mein Körper reagiert schon. Nehme ich diese körperlichen Symptome wahr, weiß ich: „Melanie, du scheinst gerade auf irgendetwas anzuspringen. Da lohnt es sich, genauer hinzuschauen!" Dank dieser Signale versuche ich, deutlicher wahrzunehmen: Welche Gefühle melden sich in mir zu Wort? Und worauf beziehen sie sich? – Werden mir meine inneren Impulse mit der Zeit etwas klarer, dann eröffnet dies einen neuen Freiheitsraum.

Ein mutiger Brückenschlag

In all unserem emotionalen Reagieren drückt sich unser inneres Erleben aus. Unsere Seele tritt mit unserem Bewusstsein in Kontakt und teilt uns etwas Wichtiges mit – und zwar über *uns selbst* und darüber, welche *Bedeutung* eine Situation oder ein Mensch für uns hat. Wir reagieren nämlich nur dann emotional, wenn für uns etwas auf dem Spiel steht. Emotionen kommen erst dann auf, wenn wir eine Situation oder Person für uns als positiv oder negativ bewerten. Wenn mich etwa ein Busfahrer unwirsch anraunzt, perlt das wie Regen an meiner Jacke ab. Sein Kommentar berührt mich nicht weiter. Wenn mich jedoch ein Freund wütend oder verächtlich anfährt, dann geht mir das unter die Haut. Ich reagiere emotional – bin vielleicht erschrocken oder sauer –, weil mir unsere Beziehung wichtig ist und ich Wert darauf lege, von ihm wertgeschätzt zu werden. Grundsätzlich gilt: Mit einer Person, die uns nahesteht, verbindet sich ein ganzes Bündel von Emotionen. Wir freuen uns auf den gemeinsamen Abend mit ihr. Wir sind berührt von ihrer Aufmerksamkeit oder auch besorgt wegen ihres Alkoholkonsums; wir fühlen uns durch sie inspiriert und manchmal haben wir Angst davor, dass dieser Mensch eines Tages sterben wird.

All dies zeigt: Gefühle schlagen eine Brücke zu anderen und zu uns selbst. Sie stellen eine Beziehung her – eine Beziehung, die von freundschaftlich bis feindlich reichen kann. Sie sind ein Fenster zur Welt mit ihren hellen Momenten und den Zeiten der Dunkelheit. In dem Maß, in dem Sie die Spannweite Ihrer Empfindungen zulassen, lassen Sie Menschen und Situationen an sich heran. Lassen Sie sich vom Leben berühren. Hochs und Tiefs, Sprünge nach vorn und Rückschläge, Begeisterung und Ekel, Traurigkeit und Freude – all diese Gefühle gehören zum Reichtum Ihres Lebens. Je bereitwilliger Sie dem gesamten Gefühlsspektrum ein Heimatrecht in sich einräumen, umso intensiver werden Sie Ihr Leben führen.

Vielleicht denken Sie bei diesen Zeilen leicht genervt: „Das ist nichts mehr als eine bloße Beteuerung! Ein billiger Versuch, die harten Ecken und Kanten des Lebens weichzuzeichnen. Auf die negativen Gefühle kann ich wirklich verzichten!" – Falls Sie dies denken sollten, wären wir immerhin schon zu zweit. Nur allzu gut kenne ich diesen Verdacht und den Versuch, schwierigen Empfindungen auszuweichen. Und das hat nachvollziehbare Gründe: Wir Menschen tendieren dazu, unsere Gefühle selbst noch einmal zu bewerten. Wir teilen sie spontan in „positive" und „negative" ein. Wenn „positive" Gefühle in unserem Alltag vorherrschen, dann fühlen wir uns wohl in unserer Haut und denken: „So sollte es eigentlich immer sein!" Melden sich „negative" Gefühle zu Wort, empfinden wir sie schnell als eine Störung, die eigentlich nicht sein sollte.

Diese Einstellung führt jedoch in zweifacher Hinsicht in eine Sackgasse. Zum einen: Mit der Unterscheidung in „positive" und „negative" Empfindungen geht einher, dass wir einen Großteil unseres Gefühlslebens ablehnen und meiden. Aber Vermeidungsstrategien helfen nicht weiter. Im Gegenteil: Der Schuss geht nach hinten los! Zahlreiche Studien zeigen, dass das bewusste Verdrängen „negativer" Emotionen wie Wut, Angst oder Ohnmacht diese noch verstärken. Das, was wir nicht zulassen, lässt uns nicht los. Mehr noch: Es hat uns in der Hand. Zum anderen übersehen wir bei der Einteilung in „positive" und „negative" Gefühle, dass hinter jedem Gefühl ein positiver Wert steht. Dass allen Gefühlen – auch den „negativen" – eine Bedeutung zukommt. Alle haben den ursprünglichen Sinn, uns beim (Über-)Leben zu helfen.

Handlungsfähig durch Gefühle

Emotional düstere Zustände wie etwa Wut oder Angst haben die Funktion von Alarmzeichen. Ähnlich wie die Kontrolllämpchen im Auto machen sie auf eine Gefahr oder einen Mangel aufmerksam. Sie zeigen an, dass etwas nicht in Ordnung ist, und wollen eine Reaktion provozieren. So ist es beispielsweise normal und gesund, Ärger zu empfinden, wenn Sie sich verletzt fühlen. Vielleicht hat ein anderer Sie nicht respektvoll behandelt oder Ihr Sicherheitsbedürfnis wurde nicht respektiert. Der Ärger will das, was schiefgelaufen ist, wieder richtigstellen. Er motiviert dazu, dass Sie sich schützen und für sich und Ihre Selbstachtung eintreten. Sicherheit und Selbstachtung sind positive Werte, die Sie durch den abwehrenden

Ärger schützen wollen. Oder: Ein Angestellter hat Angst, weil er von seinem Vorgesetzten scharf kritisiert worden ist. Seine Angst signalisiert, was ihm wichtig ist, und zwar so wichtig, dass er es nicht verlieren will: Anerkennung, beruflicher Aufstieg oder zumindest ein sicheres Einkommen. Seine Angst kann ihm viel über sich selbst sagen. Vielleicht motiviert sie ihn, Überstunden zu machen und Fortbildungen in Anspruch zu nehmen. Möglicherweise bringt sie ihn aber auch dazu, sich zu fragen: Hängt mein persönliches Glück wirklich so sehr an einem Lächeln meines Chefs und an einer Beförderung, wie es mir meine Angst einflüstert?

Es wird deutlich: Gefühle sind Energieträger und mobilisieren zum Handeln. Ja, sie lassen sich als Energiequellen des Lebens beschreiben: Gefühle sprudeln in uns Menschen auf und wollen fließen. Setzen wir diese Energien konstruktiv ein, so werden sie zu Wasser auf unseren Mühlen. Wir können diese natürlichen Kräfte also kanalisieren und dem zuführen, was wir leben wollen. Manchmal treten Flüsse aber auch über die Ufer. In ähnlicher Weise vermögen Gefühle einen zu überfluten. Dann geraten wir aus der Fassung – und dies oft mit destruktiven Folgen: Wir bekommen einen zerstörerischen Wutanfall, vor dem wir selbst und auch unsere Umwelt erschrecken. Die Angst, die kalt nach uns greift, lässt uns Gespenster sehen. Und unsere leidenschaftliche Begeisterung verführt allzu leicht dazu, dass wir berechtigte Bedenken ausblenden und in eine Sackgasse rennen.

Ein wichtiger Schritt, um mit unserer facettenreichen Innenwelt besser klarzukommen, liegt darin, dass wir Abstand gewinnen von unseren Gefühlen, die uns beherrschen wollen. Abstand gewinnen meint nicht, sie zu verdrängen. Mit einer solchen Vermeidungsstrategie würden wir uns nur selbst hinters Licht führen. Ebenso wenig hilft es, Gefühle kleinzureden oder zu bekämpfen. Denn auch dadurch gewinnen wir keinen inneren Spielraum, sondern binden uns nur noch mehr an sie. Der Weg geht andersherum: Wenn ich mit meinen Gefühlen und Stimmungen in Kontakt trete, kann ich mit ihnen kommunizieren. Ich lerne, sie besser zu verstehen. Dadurch baut sich zugleich ein gewisser Abstand zu ihnen auf. Ich bin nicht mehr unmittelbar mit ihnen verstrickt, sodass ich nicht mehr blindlings dem stärksten Gefühl folge, sondern handlungsfähig bleibe.

Eine neue Gefühlskultur

Vor dem Hintergrund dieser Überlegungen lässt sich nun fragen: Was kennzeichnet eine gute Gefühlskultur? Ich möchte Ihnen ein schematisches Raster vorstellen, das ich persönlich als hilfreich erlebe. Orientiere ich mich an den folgenden fünf Schritten, dann schärft dies meinen Blick für mich selbst und ich kann mehr aus dem Reichtum und der Vitalität meiner affektiven Kräfte schöpfen.

Der *erste* Schritt einer guten Gefühlskultur, ohne den nichts geht, besteht darin, dass wir unsere Gefühle achtsam wahrnehmen. Das hört sich leichter an, als es bisweilen ist, und manchmal braucht es Zeit und geduldige Aufmerksamkeit, bis wir (wieder) gelernt haben, bestimmte Gefühle wahrzunehmen. Doch die damit verbundenen Mühen lohnen sich, denn die Gefühle bahnen den Weg, auf dem Sie mit sich selbst und der Welt in Verbindung treten.

Zweitens gehört dazu, dass wir versuchen, unsere Gefühle zu verstehen und sie als eine zu uns gehörende Kraft zu akzeptieren. Dem stehen zahlreiche innere Bewertungen entgegen, durch die wir bestimmte Empfindungen begrüßen und andere verurteilen. Durch solche Einteilungen laufen wir Gefahr, dass wir uns den Zugang zu unseren unangenehmen Gefühlen und damit zu einem Teil unserer selbst verbauen. Vielleicht lassen sich Gefühle mit Kindern vergleichen, die ihren Ursprung in uns haben. Es gilt, dass wir sie anerkennen und ihnen einen Namen geben. Dadurch machen wir uns mit unseren Gefühlen vertraut.

Drittens beinhaltet ein achtsamer Umgang mit den inneren Regungen, dass wir weder in ihnen untergehen noch uns von ihnen wegschwemmen lassen. Wenn wir bewusst die Rolle einer Beobachterin oder eines Zuschauers einnehmen, kommt es zu keiner Identifikation mit unseren Gefühlen, und dies eröffnet einen inneren Freiraum. Dann entdecken Sie etwa: „Ich *habe* schreckliche Angst, aber ich *bin* nicht meine Angst. Ich bin mehr als meine Angst!"

Die innere Distanz gibt die Gelegenheit, einen Realitäts-Check zu machen. Und darüber hinaus können Sie Ihre emotionalen Reaktionen in einen größeren Lebens- und Sinnzusammenhang stellen. Für den erwähnten Angestellten kann dies beispielsweise bedeuten: Er gleicht ab, ob das Ausmaß seiner Angst, seine Karriere zerstört zu haben, dem tatsächlichen Sachverhalt entspricht – oder ob er den Vorfall in seiner Panik „katastrophiert" und ihm eigentlich nur ein kleiner Fehler unterlaufen ist. Oder er beginnt, darüber nachzudenken, ob er sich nicht zu stark abhängig macht vom Lächeln und Wohlwollen seines Vorgesetzten: „Brauche ich seine Anerkennung wirklich? Oder kann ich meine Zufriedenheit nicht daraus beziehen, dass ich in der Regel gut und gewissenhaft arbeite?"

Hier wird deutlich: Zu einer guten Gefühlskultur gehört *viertens*, die eigenen Werte und Ziele vor Augen zu haben. Oder anders gesagt: dass wir ein inneres Bild von dem entwickeln, was für ein Mensch wir sein wollen. Erst wenn wir uns verdeutlichen, was uns im Leben wichtig ist, können wir uns fragen, wie wir mit den verschiedenen inneren Impulsen umgehen wollen – um dann *fünftens* diesen Entschluss in die Tat umzusetzen.

Wenn Sie sich um eine solche aufmerksame Gefühlskultur bemühen, dann schließen Sie Schritt für Schritt Freundschaft mit der

Welt Ihrer Gefühle. Und umgekehrt gilt: Mit Ihrer wohlwollenden Haltung gegenüber Ihrer Gefühlswelt stärken Sie Ihren Mut und Ihre Fähigkeit, *alles* zu fühlen – auch die problematischen Empfindungen.

Das funktioniert ähnlich wie in einer guten Freundschaft: In Gegenwart eines Freundes trauen wir uns, auch unsere bedürftigen Seiten und unsere wenig ansehnlichen Gesichtszüge zu zeigen. Denn eine Freundschaft schenkt Sicherheit und Geborgenheit. So auch der Umgang mit uns selbst: Wenn wir darauf bauen können, dass wir unserer manchmal so chaotischen Innenwelt mit wohlwollendem Verständnis begegnen, dann schmälert dies unsere Angst, uns dem Schwierigen und Schmerzhaften zu stellen. Dann werden wir auch die unangenehmen, peinlichen und notvollen Gefühle bereitwilliger wahrnehmen – und können so dafür sorgen, dass sie uns als Wegweiser zum Leben dienen.

In meinem eigenen Leben und in der Begleitung vieler erfahre ich immer wieder, wie entlastend und stimulierend es ist, wenn Menschen mit dem Geheimnis des christlichen Glaubens in Berührung kommen: dass wir immer schon im Licht göttlicher Liebe leben. Je mehr mir diese Wirklichkeit aufgeht, umso weniger brauche ich mich – sei es vor anderen oder vor mir selbst – zwanghaft ins rechte Licht zu rücken. Vielmehr ahne ich: Ich kann mich sehen lassen mit allem, was zu mir gehört. Denn ich bin ohne Wenn und Aber, ohne Vorbehalt und Einschränkung bejaht. Ein solcher Augen-Blick wirkt wie ein *Sesam öffne dich*: Ich kann meine verschiedenen Gesichter realistisch(er) wahrnehmen und aufrichtig beim Namen nennen.

3. Zum Glück darf ich auch unglücklich sein

Unser Leben gewinnt an Realismus und Klarheit, an Entschiedenheit und Kraft, wenn wir einen ehrlichen Blick auch auf unsere düsteren Emotionen werfen. Dass dies schwerfällt, liegt nicht zuletzt daran, dass es der Mehrheit unserer Gesellschaft laut verschiedener Umfragen um möglichst viel Spaß und Genuss geht. Glück wird gleichgesetzt mit ununterbrochen „positiven" Emotionen, mit angenehmen Erfahrungen und einem Leben voller Höhepunkte. – Dies halte ich für eine Märchenerzählung ersten Ranges! Zu allem Unglück breitet diese sich epidemisch aus, wenn es keine höheren Ziele gibt, als sich zufrieden und satt über den Bauch zu streichen. Kein Wunder, dass bei diesen unrealistischen Wunschvorstellungen es dunkle Empfindungen schwer haben, zu ihrem Recht zu kommen. Daher möchte ich ein Plädoyer halten für *ein* exemplarisches Gefühl: für das Unglücklichsein.

Du musst oafach nur aussi kraxeln

Immer gut drauf sein und die Mundwinkel für das ‚Keep smiling' trainieren – das kann unter Stress setzen. Von einem derart gezwungenen Gesichtsausdruck unterscheidet sich ein Lächeln, dem man ansieht, dass es auch traurige und dunkle Phasen kennt.
Als Jugendliche habe ich das Buch „Stiller" von Max Frisch gelesen. Darin beschreibt die Hauptfigur des Romans namens Stiller das Lächeln seines Freundes, dem Staatsanwalt. Er empfindet dessen Lächeln als ein Geschenk des Himmels: ein Lächeln, dem man die geweinten Tränen ansieht. Eine Heiterkeit, in der Freude und Trauer, Lachen und Weinen, Singen und Klagen Platz haben.

Vielleicht hat mich die Charakterisierung so fasziniert, weil ich das Glück hatte, solch heiteren Menschen zu begegnen, in deren Gegenwart ich aufatmen konnte. Vielleicht auch, weil ich eher ein froher, optimistischer Typ bin und intuitiv um die Fülle eines Lebens wusste, welches auch den entgegengesetzten Pol umfasst. Vor allem aber auch, weil ich selbst eine solche Person sein wollte und will.

Doch das ist gar nicht einfach in einer Gesellschaft, die das Glück vorzugsweise in der „guten Stimmung" sucht und länger anhaltende Traurigkeit gleich für den Beginn einer Krankheit hält. Die Annahme, dass Gut-drauf-Sein der Normalzustand des Lebens sei, illustriert die Rede von der „traurigen Verstimmung". Diese Redewendung setzt nämlich indirekt die Freude als den eigentlichen Grundton unseres Lebens voraus. Als ob unsere Lebensmelodie von Natur aus nur in Dur komponiert wäre. Wenn sich andere Töne in unser Leben mischen – wenn wir uns unglücklich, bedrückt oder melancholisch fühlen –, fühlen wir uns verstimmt. Fragen uns möglicherweise, was mit uns nicht stimmt, und versuchen schnellstmöglich, uns wieder in Stimmung zu bringen – so wie man eben ein schräg klingendes Instrument wieder richtig intoniert.

Vor wenigen Tagen erst wurde ich Zeugin eines typischen Wortwechsels, der sich der Überzeugung verdankt: Wer nicht glücklich ist, sollte dies schleunigst beheben! Gefragt, wie es ihm ginge, antwortete ein etwa fünfzigjähriger Mann, dass er an einem Burnout leide und einfach nicht auf die Beine komme. Seinem Gesprächspartner war es offensichtlich unangenehm, dass sein Bekannter ihm von seinen Schwierigkeiten erzählte. Und in gut österreichischem Deutsch ermunterte er ihn: „Du musst oafach nur aussi kraxeln! Dann schaut alles scho ganz anders aus."

Die meisten haben das vermutlich schon erlebt, eine breite Palette an Lösungstipps offeriert zu bekommen, als es ihnen mies ging, und sie auch noch die Naivität besaßen, darüber zu sprechen.

Da wird einem geraten: „Verabrede dich mal mit jemandem!" „Such dir eine neue Stelle!" „Gönn dir mal was Gutes, vielleicht einen Wellnesstag?!" Jeder dieser Vorschläge enthält die subtile Botschaft: „Du hast es in der Hand, gut drauf zu sein. Selbst schuld, dass du unglücklich bist."

Gute Gründe, traurig zu sein

Die Erwartung, dass das Leben aus Spaß besteht, lässt alle, die sich unglücklich fühlen, gleich dreifach leiden: Erstens fühlen sie sich unglücklich. Zweitens müssen sie sich Vorwürfe anhören, dass sie nicht genügend für ihr Glück investieren. Und drittens tendieren viele dazu, sich selbstkritisch zu beäugen, denn: „Alle anderen sind glücklich, bloß ich nicht! Was mache ich nur falsch?" Zu diesem Leiden gesellt sich dann noch der kräftezehrende Druck, anderen vorgaukeln zu müssen, gute Laune zu haben. Denn wer unzufrieden ist, steht im Verdacht, ein Versager oder eine Versagerin zu sein. Und wer will schon als Loser gelten? Es klingt paradox, trifft aber zu: Viele wären glücklicher, wenn sie auch mal unglücklich sein dürften!

Es verwundert nicht, dass vor diesem Hintergrund immer mehr Leute versuchen, ihre „traurige Verstimmung" wegzutherapieren. Heute wird der Optimierungskampf gegen Unglücklichsein zunehmend chemisch geführt. Tiefer Kummer wird zur depressiven Verstimmung, gegen die in großer Zahl Stimmungsaufheller und Antidepressiva verordnet werden.

Aber es gibt gute Gründe, traurig zu sein! Ein realistischer Blick zeigt die Unausweichlichkeit des Leidens. Vieles, was uns unglücklich macht, haben wir nicht in der Hand, sondern bricht ungefragt über uns herein: der Verlust des Arbeitsplatzes, ein schwerer Unfall, gesellschaftliche Konflikte …

Traurigsein kann aber auch damit zusammenhängen, dass wir eine Situation verfehlt haben. Etwa wenn jemand die Gelegenheit verpasst hat, einer anderen Person seine Liebe zu gestehen. Oder mit seiner alternden Mutter Zeit zu verbringen. Nun hat die Demenz sie voll im Griff und die Chance eines persönlichen Gesprächs ist unwiderruflich vorübergegangen. Vor allem aber meldet sich Trauer zu Wort, wenn wir uns von einem vertrauten Menschen verabschieden: wenn die Kinder das Haus verlassen. Wenn der Partner oder die Partnerin beruflich mehrere Monate ins Ausland reisen muss. Wenn ich nach einem gemeinsamen Urlaub mit Freunden weiß, dass ich sie erst in einem Jahr wiedersehe. In all diesen kleinen Abschieden klopft der ultimative Abschied an die Tür: der Tod. Und wenn ein geliebter Mensch stirbt, dann weicht die Trauer darüber oft viele Jahre nicht von unserer Seite.

Aber auch ohne konkrete Anlässe kann eine melancholische Traurigkeit einen erfassen: Wenn ich ahne, dass mir jederzeit der Boden unter den Füßen wegbrechen kann. Wenn mir aufgeht, dass alles vom Menschen Geschaffene keinen Bestand hat. Wenn mir bewusst wird, dass der Sinn meines Lebens fragwürdig ist und ich zu keiner sicheren Antwort finden werde.

All dies zeigt: Traurig sein zu können ist ein Zeichen seelischer Gesundheit! Und das tragische Bewusstsein eines melancholisch gestimmten Menschen wird der Wirklichkeit gerechter als eine künstlich erzeugte Heiterkeit, die jegliche Abgründigkeit des Lebens leugnet.

Kann Traurigsein glücken?

Kein Zweifel: Es tut weh, unglücklich zu sein! Trauern schmerzt. Was hilft, dass das Traurigsein „glückt"? Ein *Erstes* kann darin liegen, die eigene Traurigkeit zu entdramatisieren und damit auch zu normalisieren. Dass wir nicht pausenlos auf Wolke sieben schweben, sondern uns auch mal unglücklich fühlen oder einen tiefen Kummer spüren, ist durch und durch menschlich und gehört zur Polarität unseres Lebens. Unser Leben schwankt zwischen Zeiten, in denen wir fröhlich sind, Zeiten, in denen wir uns traurig fühlen, und Zeiten des Dazwischen, dem grauen Alltag. Erst das Gesamtpaket macht die Fülle des Lebens aus.

Zur Kunst des Unglücklichseins könnte des Weiteren gehören, dass wir einem tristen Tag sein Daseinsrecht zugestehen. Durch den dunkel verhangenen Himmel gelangt kein Lichtstrahl in unser Inneres. Wenn wir dies akzeptieren, ja vielleicht sogar bejahen, lässt sich erfahren, dass unsere Seele in Zeiten der Trauer Atem holt – so ähnlich wie ein Regentag einen bisweilen zur Ruhe kommen lässt.

Ein dritter Gedanke: Oft werde ich als Ordensfrau gefragt, ob mein Glaube mich der Trauer und Angst enthebt. Meine Antwort lautet: Nein! Mir erscheint es als eine nachvollziehbare, aber infantile Versuchung, gegen die eigene Trauer oder Ohnmacht anbeten zu wollen. Im Glauben eröffnet sich ein Horizont, in dem ganz im Gegenteil *alles* Platz hat – auch die Einsamkeit und Not, die Trauer und Ohnmacht. Ich muss sie nicht besiegen oder bewältigen, nicht verdrängen oder ausblenden. Vielmehr kann ich sie nah an mich heranlassen, weil ich darauf hoffe, dass alles eingebettet ist in ein *À-Dieu*, in ein „Zu-Gott". In einen unbegrenzten göttlichen Zusammenhang, der Leben und Liebe verspricht.

Als ein Mensch, den ich sehr liebte, im Sterben lag und mir À-Dieu sagte, lag ein heiteres Lächeln auf seinem Gesicht. Ein Lächeln, dem man ansah, dass es auch geweint hatte. Ein Lächeln, aus dem ein erfülltes Leben sprach.

Dem christlichen Glauben wird oft unterstellt, dass er wie ein Tranquilizer eingesetzt wird, um Angst oder Kummer zu betäuben.

Natürlich kann er auf diese Weise missbraucht werden, und die Geschichte hält genügend Beispiele dafür parat. Doch die christliche Hoffnung setzt den geradewegs entgegengesetzten Impuls frei: Sie macht Mut, sich der eigenen Not zu stellen und auch unerträgliche Tage zu ertragen, wenn Freude, Mut und Vertrauen versanden. Vor allem aber öffnet sie Augen und Herz für das Elend anderer.

Die himmelschreiende Not anderer Menschen *wirklich* wahrzunehmen, bringt einen nicht nur um den ruhigen Schlaf. Vielmehr bricht die Illusion zusammen, dass die Welt im Großen und Ganzen doch in Ordnung sei. Wenn wir nach der Konfrontation mit fremdem Leid nicht einfach „tief ergriffen" ungestört weiterleben wollen, dann stellt sich notgedrungen auch die existenzielle Frage: Wohin mit dem Aufschrei angesichts der brutalen Gewalt im Nahen und Mittleren Osten? Wer hält unsere Ohnmacht mit uns aus? Welcher Macht vertrauen wir unseren Wunsch nach Frieden an?

Vielleicht haben diese Fragen den gläubigen Muslim Navid Kermani bewegt, als er nach dem Dank für den Friedenspreis des Deutschen Buchhandels seine Zuhörer einlud, in Stille für die verfolgten und entführten Christinnen und Christen in Syrien zu beten. Dieses Gebet war keine religiöse Bevormundung. In der Stille drückten sich Solidarität mit den Menschen in Syrien und ein stummer, ohnmächtiger Schrei nach Frieden aus. Ein solches Beten lebt von der „uralten Erinnerung an etwas, das außerhalb unserer selbst existiert" (Heinrich Böll). Es drückt die Hoffnung aus, dass unsere Klage nicht im tauben Kosmos verhallt, sondern ein Du erreicht. Ein hörendes, mitfühlendes, rettendes Du. Ein göttliches Du, das unseren Hunger nach Gerechtigkeit und unseren Durst nach Leben im Tod nicht ins Leere laufen lässt.

Viertes Kapitel

„DAS IST JA TOLL!"
DEN SPUREN DER LEBENDIGKEIT FOLGEN

Wann haben Sie Freunde eher nötig: wenn es Ihnen gut geht oder wenn es Ihnen schlecht geht? – Alle, denen ich diese Frage gestellt habe, antworteten spontan: „Natürlich wenn es mir schlecht geht!" Es folgten Begründungen wie: „Wenn es mir schlecht geht, zeigen mir meine Freunde durch ihre Nähe, ihr Mitgefühl und ihre Unterstützung, dass ich in meinem Elend nicht allein bin – und das tut unsagbar gut!" Doch dann stutzten manche…

Was denken Sie: Haben Sie Freunde eher nötig, wenn es Ihnen gut geht oder wenn es Ihnen schlecht geht? – Mir scheint, dass diese Frage sich nicht so leicht beantworten lässt, wie es auf den ersten Blick den Anschein hat. Natürlich hoffen wir in Krisenzeiten auf Freunde, denen wir unsere Not anvertrauen können und die ein offenes Ohr für unsere Sorgen haben. Denn geteiltes Leid ist halbes Leid! Aber ebenso gilt: Geteilte Freude ist doppelte Freude! Oder wie Mark Twain betont: „Freude lässt sich nur voll auskosten, wenn sich ein anderer mitfreut." Begeisterung und Freude öffnen uns. Sie fördern ein Gefühl der Verbundenheit und treiben uns an, unser Erleben mit anderen zu teilen. Daher greife ich in Momenten, in denen ich vor Freude aus der Haut fahren könnte (die gibt es!), aber dummerweise gerade allein bin, manchmal zum Handy, besuche jemanden oder warte unruhig auf das gemeinsame Abendessen, um endlich meinen Mitschwestern von meinem Glück erzählen zu können.

Darin liegt ein Reichtum echter Freundschaft: dass sich jemand mit uns freut, wenn unser Leben im Fluss ist. Dass er oder sie unsere Stärken und Begabungen schätzt und fördert und sich von unserer Freude anstecken lässt. Wenn aber unsere Freude kein Echo auslöst, sondern resonanzlos verhallt oder mit einem „Ja, aber…" infrage gestellt wird, fällt es schwer, das Glück zu genießen. Ja, möglicherweise fühlen wir uns sogar beschämt.

Was lässt sich aus diesen Beobachtungen für das Vorhaben gewinnen, mehr in Freundschaft mit sich selbst zu leben? Ganz einfach: Wenn Sie vor Glück lauthals singen wollen, wenn Ihnen Dinge gut von der Hand gehen, wenn Sie in eine Tätigkeit eintauchen und ganz und gar vertieft die Welt um sich herum vergessen könnten – dann gehen Sie mit sich selbst so um, wie sich eine gute Freundin oder ein echter Freund Ihnen gegenüber verhält. Vertagen Sie Ihre Freude nicht mit einem einschränkenden „Ja, aber". Misstrauen Sie diesem „Aber-Geist" und heißen Sie den Augenblick mit einem „Ja!" willkommen. Überhaupt dieses kleine Wort *Ja*: eigentlich eine einfache Sache, aber kinderschwer. Interessanterweise sprechen wir nämlich häufig ein einschränkendes, verletzendes „Ja, aber…" oder ein „Jein". „Ja, dieser Moment ist wirklich großartig, aber freu dich nicht zu sehr. Wer weiß, was noch kommt!" Und so drosseln wir unsere Lebendigkeit, anstatt dass wir uns dem Strom des Lebens anvertrauen und uns von ihm tragen lassen.

Freundschaft – und eben auch die Freundschaft mit sich selbst – lässt sich nicht erzwingen. Aber wir können dazu beitragen, dass sich eine solche entwickelt. Und dazu gehört, dass wir den Spuren der Lebendigkeit in unserem Leben folgen.

1. Man soll den Tag auch *vor* dem Abend loben

Das Meer glitzert im Morgenlicht. Möwen schaukeln auf dem Wasser und der Geruch von Salz und Seetang erfüllt die Luft. Gemeinsam mit Familie und Freunden sitze ich am Frühstückstisch im Freien, und wir haben alle Zeit der Welt. Ein unglaublich schöner Morgen! Die aufsteigende Freude macht mich innerlich weit und hell. Plötzlich aber zieht sich etwas in mir schmerzhaft zusammen und es durchzuckt mich die Angst: Wie zerbrechlich ist dies alles!

Mich vorbehaltlos zu freuen, fällt mir manchmal nicht leicht. Und dies geht auch anderen so. Da erzählt mir ein Vater: „Ich stehe am Bett meiner Kinder, lausche den ruhigen Atemzügen und rieche ihren vertrauten Duft. Ein Gänsehautgefühl von Glück und Liebe. Aber wie aus dem Nichts breiten sich düstere Fantasien aus, was ihnen alles zustoßen könnte. Und plötzlich werde ich unruhig und von Ängsten überschwemmt."

Es ist paradox: Einerseits wünschen wir Menschen uns mehr Freude; andererseits aber melden sich gerade in Augenblicken großen Glücks oft Befürchtungen zu Wort und schmälern die Freude. Woher kommt das? Und warum richten sich manche lieber in einer neutralen Haltung unberührbarer Coolness ein, anstatt auch mal im Glück zu baden? – Ich glaube, weil sich in Augenblicken heller Freude oft auch unsere Verletzlichkeit in Erinnerung ruft. Ja, vielleicht spüren wir in Momenten puren Glücks, in denen einfach alles stimmt, die Zerbrechlichkeit umso stärker: Ich kann diesen Augenblick – das Lied, das mich an etwas Schönes erinnert, das überschäumende Fest mit der Familie, das ausgelassene Lachen mit meinen Freunden – nicht festhalten. Und die Menschen, die mir viel bedeuten, sind fragil. So wie ich selbst und alles, was ich aufgebaut habe.

Die *Angst vor der Verwundbarkeit* also macht unser Herz eng und bringt uns dazu, dass wir unserem Glück nicht trauen. Es steigt

Angst auf, dass die Freude nicht lange währt. Dass sie bald der Enttäuschung weichen muss. Oder im schlimmsten Fall: dass sie das Unglück magisch anzieht. In vielen Redewendungen schlägt sich diese offenkundig weitverbreitete Befürchtung nieder. Da heißt es: „Freu dich nicht zu früh! Fordere das Schicksal nicht heraus. Das dicke Ende kommt bestimmt!" Und auch aus dem mahnenden Sprichwort „Du sollst den Tag nicht vor dem Abend loben" spricht ängstliches Misstrauen, denn wer weiß, was der Tag noch alles bringen mag…

Die Strategie einer kalten Morgendusche

Sind auch Sie schon einmal darüber gestolpert, dass Ihr Hirn in Glücksmomenten wie von selbst Unglücksfantasien produziert, Ängste schürt und dadurch Ihre Freude mindert, wenn nicht sogar gänzlich raubt? Wenn mir ein solches Kopfkino bewusst wird, dann neige ich schnell dazu, es als Dummheit abzutun. Doch bei genauerem Hinsehen entpuppen sich solche hypothetischen Szenarien als ein nachvollziehbarer – wenn auch nicht sehr sinnvoller – Versuch, uns vor unserer Verwundbarkeit zu schützen: Um nicht ahnungslos von Enttäuschungen oder Verlust überrumpelt zu werden, spielen wir in der Vorstellung Schreckensszenarien durch. Um nicht aus heiterem Himmel vom Schmerz überrollt zu werden, trüben wir durch düstere Fantasien vorsorglich die Freude ein – in der Hoffnung, dadurch mit einem möglichen Umschwung besser klarzukommen.

Dies ähnelt der Strategie einer kalten Morgendusche: Um sich auf die raue Wirklichkeit des Tages einzustellen, kann man nach einem wohlig-warmen Schauer zum Abschluss kalt duschen. Die Hand am Hebel, bereite ich mich auf diese Schrecksekunde vor: Der

Körper zieht sich zusammen, um weniger Angriffsfläche zu bieten, und der Atem stockt. Derart vorbereitet lässt sich der kalte Schwall viel besser ertragen, als wenn er einen unvermutet trifft: wenn ich auf der Wiese liegend die Sonne genieße und nichts ahnend einen Kübel Wasser übergeschüttet bekomme.

Einer ähnlichen Logik verdanken sich Unglücksfantasien, die sich in Momenten großer Freude oft wie von selbst einstellen: Indem wir mit diesem gedanklichen Testlauf unsere Freude vorsorglich abkühlen, kann uns die kalte Wirklichkeitsdusche nicht so hart erwischen. Je klarer wir uns auf Schlimmes gefasst machen, umso weniger werden wir aus der Fassung geraten, wenn dies tatsächlich eintreten sollte. Wir werden enttäuschungsresistent und kommen besser mit dem Leben zurecht. Und falls es nicht zum befürchteten Verlust kommen sollte: umso besser. Dann sind wir angenehm überrascht.

Doch mit diesem – meist unbewussten – Selbstschutz stehen wir uns in mehrfacher Hinsicht selbst im Weg. Ein *Erstes*: Wenn wir unsere Fähigkeit zur Freude vergraben, präparieren wir uns gerade nicht für Verluste oder Enttäuschungen! Im Gegenteil: Wenn wir mögliche Freude durch Skepsis oder Unglücksfantasien untergraben, höhlen wir unsere seelische Widerstandskraft aus. Denn jedes Mal, wenn wir unsere Verwundbarkeit ängstlich abwehren, bringen wir uns um das Glück des Augenblicks. Sobald wir aber der Freude erlauben, dass sie unser Herz weit macht, stärken wir unsere Fähigkeit, mit den kleinen und großen Widrigkeiten umzugehen.

Freuen wir uns, dann strahlen unsere Augen, unser Gesicht hellt sich auf, ja leuchtet möglicherweise, wir gehen beschwingten Schrittes, nehmen drei Stufen auf einmal und könnten Luftsprünge machen. Bereits diese Ausdrucksgesten verdeutlichen, dass Freude ein Gegengewicht zu Dunkelheit und Erdenschwere bildet. An den Strom des Lebens angeschlossen fühlen wir uns verbunden mit uns selbst, mit anderen und dem Leben als Ganzem. Herz und Geist öffnen sich, wir entdecken neue Perspektiven und gewinnen mehr Selbstvertrauen. Wir spüren, dass wir nicht einfach nur ins Leben geworfen, sondern auch von ihm getragen sind. Wir kultivieren die Kraft der Hoffnung.

Ein *Zweites*: Gedanken und Angstfantasien machen uns oft etwas vor. Humorvoll und pointiert beobachtet Mark Twain: „Ich habe einige schreckliche Dinge in meinem Leben durchgemacht, von denen einige tatsächlich passiert sind." Wer seine Aufmerksamkeit bevorzugt auf den möglichen SuperGAU richtet, lässt sich nicht nur das Glück des Augenblicks rauben, sondern er leidet hier und jetzt. Und muss oft im Rückblick feststellen: Ich habe mich grundlos verrückt gemacht und unter Katastrophen gelitten, die nie eingetreten sind.

Und *schließlich*: Wenn tatsächlich etwas Befürchtetes passieren sollte – wenn etwa der Partner oder die Partnerin stirbt, wir unseren Arbeitsplatz verlieren oder ein Unfall uns vieler Möglichkeiten beraubt –, dann werden wir um all die wunderbaren Augenblicke trauern, die wir nicht aus vollem Herzen genossen haben und die nun unwiderruflich vorübergegangen sind.

Der Freude trauen

Sie haben Ihr Leben nicht in der Hand! Ob Sie einen Menschen über alle Maßen lieben, einen vergänglichen Augenblick feiern oder sich in die Freude hineinfallen lassen – in all diesen Momenten machen Sie sich verwundbar. Aus diesem Grund kann Freude ein leises inneres Beben auslösen, und manchmal bekommt man sogar eine Gänsehaut, denn: Dieser Augenblick ist alles andere als selbstverständlich! Wie wir diesen Schauder *deuten* und wie wir mit ihm umgehen, hat weitreichende Konsequenzen. Davon hängt ab, ob wir uns in einer enttäuschungsresistenten Haltung „erwachsener" Abgeklärtheit einrichten, ob wir Unglücksfantasien Glauben schenken und ihnen erlauben, uns die Freude zu rauben – oder ob wir uns dem Strom der Freude überlassen, wenn er uns erfassen will.

Wie deuten Sie das innere Beben, das die Erfahrung von Freude manchmal begleitet? Wie begegnen Sie den Verlustängsten, die in solchen Momenten wie ein Echo mitschwingen? – Vielleicht neigen Sie dazu, den Schauder als einen einschüchternden Warnschuss zu interpretieren, der Sie mahnt: „Das ist nicht das Leben! Warte nur ab …!" Oder eine skeptisch-misstrauische Stimme raunt in Ihnen: „Das ist doch viel zu schön, um wahr zu sein!" (Warum eigentlich?) Möglicherweise verstehen Sie das innere Beben aber auch als eine Einladung, dankbar zu sein: für den Menschen an Ihrer Seite, für das berauschende Gipfelerlebnis nach einem anstrengenden Aufstieg oder einfach für den gegenwärtigen Augenblick.

Wenn ich in mich hineinhorche, dann geht mir auf, dass sich in mir – manchmal je nach Tagesverfassung – verschiedene dieser Stimmen zu Wort melden. In diesem Bewusstwerden liegt eine große Chance, denn erst dann kann ich mich fragen: „Wem will ich (mehr) Glauben schenken: meiner Angst, die mir das Heute stiehlt, indem sie mich das Morgen fürchten lehrt? Meinem Misstrauen, dass das Leben eigentlich ein mieser Verräter ist und der Augenblick viel zu schön, um wahr zu sein? Oder meinem dankbaren Vertrauen, dass sich mir hier und jetzt das Leben in seiner Schönheit zeigt? Dass es sich mir in seiner unerwarteten Fülle schenkt?"

An dieser Stelle wird nachvollziehbar, warum empirische Studien zeigen, dass viele Menschen Freude und Dankbarkeit als eine spirituelle Praxis beschreiben. Als ein konkretes „Tun", in welchem sie auf die Verbundenheit mit anderen und mit einer höheren positiven Macht bauen. Das kann in Situationen wie den gerade beschriebenen bedeuten: Sie bleiben nicht bei sich und Ihren absichernden Tendenzen hängen, sondern überlassen sich der Freude im Vertrauen darauf, dass diese nicht grundlos ist. Sie geben Ihrer Angst vor der Dunkelheit keine Deutungshoheit über Ihr Leben. Vielmehr sagen Sie *Ja* zu diesem lichten Augenblick dank der Überzeugung, dass dieses *Ja* wirklichkeitsgemäßer ist, als wenn Sie nur schwarzsehen. – In der jüdisch-christlichen Tradition drückt sich dieses Vertrauen in der Hoffnung aus, dass sich die ganze Welt einem schöpferischen göttlichen Geheimnis verdankt und es gut ist, in dieser Welt zu sein.

Aber können und dürfen wir uns überhaupt freuen angesichts des unsäglichen Leids, das viele Menschen in den Krisengebieten dieser Erde, aber auch in der unmittelbaren Nachbarschaft trifft? Läuft dies nicht sogar auf Ignoranz und Untätigkeit hinaus? Ich halte das Gegenteil für den Fall! Aus der Resignation oder Depression heraus haben Menschen selten etwas Großes getan oder sich für andere eingesetzt. Wenn wir jedoch dankbar die Freude auskosten, am Bett unserer schlafenden Kinder zu stehen, die Leistungskraft unseres Körpers zu spüren oder einem erfüllenden Beruf nachzugehen, dann wissen wir zugleich, welch kostbares Gut andere verloren oder vielleicht nie erfahren haben. Erst die leidenschaftliche Wertschätzung des Lebens treibt uns an, dass wir die Not anderer als Anruf an uns verstehen, die eigene Komfortzone zu verlassen und uns für Benachteiligte zu engagieren.

Die Chance des neuen Tages

Unser Leben hält viele eintönige und öde Zeiten bereit und jede Menge unbefriedigender Handgriffe und Arbeitsgänge, die es einfach zu tun gilt. Dazu kommt, dass auch die Freude manchmal eine schwierige Angelegenheit ist, denn sie erinnert uns an unsere Zerbrechlichkeit. Wie können wir in unserem Leben Freude kultivieren?

In der Vorbereitung auf dieses Buch habe ich verschiedene Personen befragt, welche konkreten Übungen oder Gewohnheiten ihnen helfen, Freundschaft mit sich und ihrem Leben zu schließen. Die Antworten fielen natürlich unterschiedlich aus, doch *ein* Hinweis wurde vielfach genannt: „Ich achte darauf, was mir an Gutem zufällt, auch wenn es sich um Kleinigkeiten oder scheinbare Selbstverständlichkeiten handelt, und schätze es." Wenn Sie dankbar wahrnehmen und genießen, was der Tag Ihnen an Positivem zuspielt, dann geben Sie in Ihrem Alltag der Freude Raum. Ja, Dankbarkeit erweist sich als *das* Gegenmittel, um sich von dem zwar nachvollziehbaren, aber kontraproduktiven Selbstschutz zu befreien, die eigene Freude zügelnd an die Kandare zu nehmen oder gleich ganz auszubremsen. Dankbarkeit bewirkt, dass Sie den Tag auch *vor* dem Abend loben können.

Ein Zweites: Freude entsteht in ganz *gewöhnlichen* Momenten. Natürlich tauchen Höhepunkte unser Leben in ein besonderes Licht. Aber wenn wir uns auf außergewöhnliche Momente fokussieren, besteht die Gefahr, dass wir die lichten Seiten des Alltäglichen verpassen – dabei sind es doch diese, die einen Glanz in unser Leben bringen! Vor allem die kleinen Freuden können unseren Alltag verschönern und beleben. Das wird besonders deutlich, wenn wir bei einem Unfall einigermaßen heil davonkommen oder wenn unser Partner nach einer schweren Krankheit langsam wieder auf die Beine kommt: Nach solchen Erfahrungen gewinnen die unscheinbaren Augenblicke eine große Bedeutung: das Rauschen des Windes, der Duft von Basilikum, dem anderen eine Freude bereiten, ein gemeinsamer Spaziergang … Und wenn ich darüber nachdenke, was mir am meisten fehlt, wenn ich an Verstorbene denke, dann sind es insbesondere die ganz gewöhnlichen Alltagssituationen: die witzig-verunstalteten SMS, weil die Person mit dem Handy nicht zurechtkam; ihr trockener Humor; meine Hand in ihrer Hand …

Es zeigt sich: Je nachdem, mit welchem Fokus Sie auf Ihren Alltag schauen, wird Unterschiedliches in Ihren Blick kommen. Werden Sie weniger oder mehr, gar keine oder viele Anlässe entdecken, die Sie froh und dankbar stimmen. Daher möchte ich abschließend die Aufmerksamkeit auf den *Tagesbeginn* lenken, denn ihm kommt eine besondere Bedeutung zu.

Jeder Morgen bietet die Chance, Ihre Aufmerksamkeit in eine bestimmte Richtung zu lenken und sich für einen bestimmten Fokus zu entscheiden. In einem Bild ausgedrückt: Sie können am Morgen unterschiedliche Brillen aufsetzen. Je nachdem, welche Brillentönung Sie wählen – eine dunkle, eine helle, eine rosarote … –, wird Ihr Tag in ein anderes Licht getaucht. Wird er eine unterschiedliche Färbung erhalten. Einen ähnlich großen Unterschied macht es, ob Sie sich zu Beginn eines neuen Tages bewusst für einen offenen, bejahenden Fokus entscheiden oder ob Sie eine eher misstrauisch-abwehrende Brille aufsetzen. Ihre Welt wird jeweils eine andere sein! Ihr Tag wird jeweils ein anderer sein!

Daher glaube ich: Es kommt in unserem Leben nicht primär darauf an, dass wir viele neue Landschaften entdecken, sondern dass wir die „richtige Brille" aufsetzen. Dass wir mit neugierigen und wertschätzenden Augen auf Menschen und Dinge, auf Situationen und Ereignisse blicken und dass wir uns selbst mit einem wohlwollenden Blick betrachten. Ein freundschaftlicher Blick lässt unser Leben freundlicher erscheinen und erlaubt es, auch mehr das Gute im anderen zu sehen. Damit lebt es sich besser und versöhnter!

Jeder Morgen bietet die Chance, sich bewusst für eine solche „Brille" zu entscheiden und mit dieser Perspektive in den Tag zu gehen. Mir persönlich hilft ein lyrischer Text, den ich mir jeden

Morgen in Erinnerung rufe, indem ich ihn leise vor mich hin spreche. In diesem Gedicht namens „Laudes" heißt es:

wenn nach Schreckstunden des Dunkels
der Morgen die Augen aufschlägt
geh ihm singend entgegen

erwache ins Lob
und das Lob weckt dir die Welt
dass sie dir singe

Andreas Knapp

2. Weißt du noch?

In seinem Buch „Der alte König in seinem Exil" erzählt der Schriftsteller Arno Geiger von seinem demenzkranken Vater. Mit dem Nachlassen der Gedächtniskraft verblassen die Charakterzüge des alten Mannes. Es scheint Geiger, als würde die Persönlichkeit seines Vaters Tropfen für Tropfen aus diesem heraussickern. Er wirkt verloren und lebt in der „tiefen Heimatlosigkeit eines Menschen, dem die ganze Welt fremd" geworden ist. Geiger bedauert, dass er die Zeit nicht genutzt hat, die nun unwiderruflich untergegangenen Welten seines Vaters kennenzulernen …

Die Erzählung mahnt nicht nur, Begegnungen wirklich auszukosten, sondern zeigt auch eindringlich, welch große Rolle unsere Erinnerungen spielen. Ein Gedankenexperiment: Versuchen Sie doch einmal, darüber nachzudenken „Wer bin ich? Was macht mich aus? Und worauf kommt es mir an?", ohne dass Sie dabei auf Ihr Gedächtnis zurückgreifen.

Sie werden nicht weit kommen. Denn vor allem der Rückgriff auf Ihre Lebenserfahrungen sagt Ihnen, was Sie geprägt oder Ihnen Halt gegeben hat. Was Sie überfordert, beflügelt oder runterzieht. Woran Sie sich erinnern – ein Buch, das Sie als Kind fasziniert hat, die Atmosphäre beim Essen in der Familie, das erste Mal eine eigene sturmfreie Bude... – all das prägt Ihre Persönlichkeit. Erinnerungen gleichen Räumen in unserem inneren Haus. Wir können sie immer wieder besuchen und sie ermöglichen, dass wir uns – einigermaßen – mit uns selbst und der Welt auskennen. Und dass wir uns fragen können: „Passt mein Leben zu mir?" Ohne unser biografisches Gedächtnis hingegen würden wir uns fremd und obdachlos im eigenen Leben fühlen. Unsere Identität bliebe seltsam farblos und unwirklich und wir wären nicht fähig, uns in der Welt zu orientieren.

Erinnerungen als Kraftquelle

Doch was sind eigentlich Erinnerungen? Und was können sie einem mitteilen? In den vergangenen Jahrzehnten hat sich eine Metapher für unser Denken durchgesetzt, die in die Irre führt: die Metapher vom Gehirn als einem Computer. Wir glauben, Erinnerungen zu „speichern", die wir dann – mehr oder weniger gut – abrufen können. Doch das menschliche Gedächtnis hat nichts mit dem Ablegen von Informationen auf einem Mikrochip gemein. Unsere Vergangenheit gleicht eher einer Palette bunter Farben, die wir ständig neu mischen. Je nachdem, wie wir gerade drauf sind, entstehen helle oder dunkle, eintönige oder bunte Kombinationen. Konkret: Angenommen, Sie fühlen sich gerade schwermütig, dann werden Sie sich eher dunkler Phasen entsinnen und die vergangenen hellen Episoden in der Erinnerung melancholisch eintrüben. Wenn das Leben

Ihnen aber zulacht, dann werden Ihnen vermehrt frohe Situationen einfallen und frühere düstere Zeiten erscheinen Ihnen in einem helleren Licht.

All dies zeigt: Die erinnerten Bilder in unserem Kopf sind keine akkuraten, fotografischen Abbildungen von etwas Früherem. Vielmehr entwerfen wir sie, indem wir vergangene Episoden im Licht gegenwärtiger Situationen sehen, deuten und ausmalen. Daher haben Erinnerungen mindestens genauso viel mit unserer Gegenwart zu tun wie mit unserer Vergangenheit. Sie können uns viel über uns selbst sagen, über unser Heute und Morgen.

Für die Kunst, mit sich selbst Freundschaft zu schließen, bedeutet das zuallererst, um den unschätzbaren Wert unserer Erinnerungen zu wissen. Was wir erinnern und wie wir uns erinnern, formt unsere Persönlichkeit und Lebenseinstellung und ist von denkbar größter Bedeutung für das seelische Wohlbefinden.

Wie sieht das bei Ihnen aus: Kehren Sie – immer mal wieder oder sogar regelmäßig – bei sich selbst ein, um auf den vergangenen Tag oder auf die letzte Woche zurückzublicken? Um einen zu Ende gehenden Lebensabschnitt auszuwerten? Oder denken Sie, dass ein solcher Rückblick zwar am Lebensabend naheliegt, aber doch bitte nicht in der Rushhour des Lebens?! Oder geht es Ihnen mit dem Wunsch zurückzuschauen wie mir manchmal nach einem Urlaub: Fasziniert von der fremden Kultur fahre ich mit einem Gepäck bunter Erinnerungen und einer Speicherkarte voller Bilder zurück, entschieden, mich mit diesem Land näher zu beschäftigen. Doch kaum zu Hause, hat mich der Alltag wieder fest im Griff. Die Bücher über die Geschichte des Landes stehen bis heute ungelesen im Bücherregal, nicht einmal *ein* Urlaubsfoto hängt an der Pinnwand und über den Erinnerungen türmt sich ein Berg neuer Eindrücke …

Aus den Ressourcen unseres biografischen Gedächtnisses zu schöpfen ist weder selbstverständlich noch fällt es leicht, denn wir leben in einer unglaublich beschleunigten Zeit. Eindrücke, Anforderungen und Informationen folgen Schlag auf Schlag. Weniges können wir verdauen und noch weniger uns aneignen, denn schon kommt das Nächste daher. Eine Auszeit, um zurückzuschauen, ist einfach nicht vorgesehen, doch gerade dies täte in der gegenwärtigen „Zuvielisation" mehr denn je not! Denn solange wir nur im – möglicherweise glanzvollen – Außen leben, werden wir nicht in uns selbst heimisch. Erst wenn wir innehalten, über Erlebtes nachdenken und uns an gemachte Erfahrungen er*innern* und sie uns dadurch zu eigen machen, erst dann werden wir mehr aus unserer eigenen Mitte leben.

Eine wichtige identitätsstiftende und orientierende Kraft wohnt dem Lebensrückblick inne. Ob in der persönlichen Reflexion oder im vertrauten Gespräch mit jemandem – oft betrachten Menschen ihre Lebensgeschichte aus der Perspektive, was ihnen das Leben zugemutet oder auch vorenthalten hat. Etwa jene Frau, die schaudernd daran zurückdenkt, wie vor einigen Jahren so viel Belastendes zusammenkam: der Hausbau, das zweite Kind, berufliche Herausforderungen und dann noch die Mutter, die krank wurde... Damals wusste sie weder ein noch aus, doch schließlich hat sie gemeinsam mit ihrem Mann die Situation gemeistert. Oder jener verbitterte Student, der sein Leben als eine Geschichte fortlaufender Kränkungen betrachtet und nichts und niemanden in einem guten Licht sehen kann. Beide Personen betrachten ihre Lebensgeschichte vorrangig unter dem Aspekt von Schwierigkeiten: der Student mit dem Vorwurf, warum das Schicksal ihm so übel mitspielt; die Frau mit dem erleichterten Aufatmen, wie sie die Schwierigkeiten überwunden hat und dadurch gereift ist.

Wie es gelingen kann, mit belastenden Erinnerungen besser klarzukommen und sich mit der eigenen Geschichte zu versöhnen, folgt an einer späteren Stelle (Kapitel 6). Hier möchte ich Ihren Blick auf die positiven Kräfte der Erinnerung richten. Wenn Sie, ähnlich wie die Frau, rückblickend entdecken, welche schwierigen Lebenssituationen Sie schon bewältigt haben, wirkt dies bestärkend. Zum einen stärkt die Einsicht „Ich bin mit dieser Sache im Großen und Ganzen ganz gut klargekommen" Ihr Vertrauen in sich und in Ihre Fähigkeit, Ihr Leben zu meistern. Zum anderen hilft die Erinnerung an die eigenen Kräfte und Problemlösungen, gegenwärtige Herausforderungen und Aufgaben zu bestehen und Schlüsse für die Zukunft zu ziehen. Daher erleben es viele als hilfreich, gerade auf problematische Zeiten zurückzuschauen und sich zu fragen: Worin bestanden die großen Krisen meines Lebens? Wie bin ich mit ihnen umgegangen? Was hat mir geholfen? Was würde ich heute nicht mehr so machen? Sehe ich im Rückblick auch etwas Gutes in diesen Krisen oder bin ich einfach nur froh, dass sie hinter mir liegen?

Ausflüge in die eigene Vergangenheit

Es lohnt sich, die eigene Geschichte unter der Perspektive der – überwundenen oder noch offenen – Herausforderungen zu betrachten. Ebenso sinnvoll ist es, die Aufmerksamkeit bewusst auf schöne und stärkende Erinnerungen zu richten. Anders gesagt: die eigene Freudenbiografie zu entdecken und zu erzählen. Doch diese Perspektive wird interessanterweise selten eingenommen. Ja, oft erschrecke ich, wie schnell Menschen Gutes vergessen. Und noch mehr, wie ihr auf Schwierigkeiten fokussierter Blick es ihnen erschwert, Spuren der Lebendigkeit in der eigenen Geschichte zu entdecken.

Wenn Sie Interesse an Ihrer *Freudenbiografie* haben, können Sie sich beispielsweise fragen: Was hat mir als Kind Freude gemacht? Was ist aus diesen Freuden im Lauf des Lebens geworden? Wann habe ich mich in den vergangenen Jahren, oder: wann habe ich mich in der zurückliegenden Woche vital, aktiv und inspiriert erlebt? Wie hat sich dies angefühlt? Hat sich dadurch mein Verhalten geändert? – Wenn Sie in Ihrer Erinnerung in freudige Situationen eintauchen, in denen Sie mit sich und der Welt einverstanden gewesen sind, dann werden diese erneut lebendig. Dann spüren Sie *jetzt*, wie sich das damals angefühlt hat. Das funktioniert ganz ähnlich wie bei den „Weißt-du-noch-Gesprächen": „Weißt du noch, wie uns bei unserer Fahrradtour am Atlantik das Unwetter überrascht hat?" Oder: „Kannst du dich an den Abend erinnern, als wir uns zum ersten Mal gesehen haben und es gleich gefunkt hat?" Und schon werden die Gefühle von damals reaktiviert und vergegenwärtigt: die Spannung beim aufziehenden Gewitter und die Zufriedenheit, sich durchgekämpft zu haben; die Faszination der ersten Begegnung und das leise Bauchkribbeln ...

Ihre Gegenwart wird also bereichert und vielleicht sogar verwandelt, wenn Sie sich an etwas Schönes erinnern. Sie kommen mit sich selbst als einem frohen Menschen in Beziehung. Doch damit nicht genug, sondern: Weil Ihnen Ihre Geschichte sagt, was Sie belebt und inspiriert, können Sie diesen Quellengrund auch hier und heute aktiv aufsuchen.

Ein solch gegenwartsbezogener Blick in die Vergangenheit unterscheidet sich fundamental vom nostalgischen Schwelgen in den guten alten Zeiten. Das rückwärtsgewandte Baden in Erinnerungen und dessen auslaugende Wirkung sind mir persönlich durchaus bekannt. Die nostalgische Sehnsucht nach dem vermeintlich früheren Glück macht blind für den Augenblick. Sie lässt einen das Jetzt immer nur unter dem Negativvorzeichen sehen, dass die gute alte Zeit vorbei ist. Auf diese Weise verweigern wir uns dem Heute und schneiden uns vom Strom des Lebens ab. Umgekehrt werden Erinnerungen an schöne Momente zur Kraftquelle, wenn wir diese –

durchaus auch mit Trauer über manchen Verlust – vergegenwärtigen und uns an ihnen freuen. Und wenn wir *heute* aus diesen Quellen schöpfen.

Eine Tagesschau der anderen Art

Die Erinnerung an gute Erfahrungen kann auch Ihren Blick in die Zukunft stärken. Denn die Sensibilität für solche Augenblicke lässt Sie deutlicher erkennen, welche Wünsche, Werte und Ziele Ihnen wirklich wichtig sind – eine Selbstkenntnis, die besonders in Entscheidungssituationen ein großes Gewicht hat.

Eine Chance bietet in diesem Zusammenhang der regelmäßige Rückblick auf den vergangenen Tag. Man schaut sich selbst gewissermaßen über die Schulter und sieht im Zurückblicken manches klarer. Etwa jener Arzt, der das Angebot bekam, gemeinsam mit seiner Frau und den noch nicht schulpflichtigen Kindern für drei Jahre nach Afrika zu gehen. Die Möglichkeit reizte beide sehr, doch vor allem der Mann zögerte, ob sie dadurch beruflich und gesundheitlich nicht ein zu hohes Risiko eingehen würden. Um mehr Klarheit zu finden, notierte er sich über mehrere Monate jeden Abend drei Dinge, über die er sich tagsüber besonders gefreut hatte. Mit der Zeit ging ihm auf, dass ihm der Einsatz für Menschen am Rand und die Möglichkeit, gemeinsam mit seiner Frau und den Kindern eine fremde Kultur kennenzulernen, viel wichtiger waren als bislang bewusst. Und er entdeckte, dass sowohl seine Karrierewünsche als auch sein starkes Streben nach Sicherheit eher dem gesellschaftlichen Mainstream und den Erwartungen seiner Eltern entsprangen, als dass sich darin wirklich *seine* Anliegen ausdrückten …

Grundsätzlich gilt: Dem Tagesabschluss kommt eine besondere Bedeutung für unser Leben zu. Wer wünscht sich nicht, den Tag friedlich und vertrauensvoll zu beschließen und in Ruhe einzuschlafen?! Doch die Realität sieht oft anders aus: Unzufriedenheit über halb fertige Dinge und Begeisterung über Gelungenes, Streit und Spannungen in den eigenen vier Wänden und widerstreitende Gefühle im eigenen Innern können nicht einfach vergessen werden. Die Erlebnisse und die Bilder des Tages, die schönen und die schrecklichen, klingen nach. Und sie schwingen in die Nacht hinein, in unser Unbewusstes und unsere Träume. Um den Tag nicht einfach ausfransen zu lassen, sondern ihm einen Rahmen zu geben, kennt man daher von alters her die Übung des Tagesrückblicks. In ihm nimmt man noch einmal die Fäden des Tages auf und betrachtet dessen Muster.

Ich persönlich orientiere mich dabei an der christlichen Abendkultur: Ich suche einen ruhigen Ort auf – oft stelle ich mich an mein offenes Zimmerfenster – und mache mir bewusst, dass die göttliche Gegenwart mich wie ein Licht durchdringt und umgibt. Dies bestärkt mich, dass ich meinen Tag mit einem wohlwollenden, offenen Blick Revue passieren lassen kann. Bei dieser „Tagesschau" achte ich zum einen auf die kleinen und großen Ermutigungen, die mir durch Menschen und Ereignisse entgegengekommen sind und Zuversicht und Verbundenheit wachsen ließen. Zum anderen blicke ich auf die Lebensblockierer, also auf das, was das Leben von anderen oder mir einschränkt und mindert. Abschließend versuche ich, mit dem Ein- und Ausatmen der Abendluft den Tag *anzunehmen*, wie er war – mit seinem Guten und Schweren – und die Lasten und unbeantworteten Fragen *loszulassen*. Und letztlich mich selbst dem göttlichen Geheimnis anzuvertrauen.

Ein lyrischer Text, den ich in diesem Zusammenhang schätze, mit dem Titel „Vesper":

was du heute gesehen hast
überschau es noch einmal
im wärmenden abendlicht

nichts gelebtes geht verloren
immer nimmst du innen
alles erinnert mit dir

perfektion und erfolg
mögen dein tagwerk beenden
doch nur der dank vollendet alles

selbst was missglückt ist und zerbrochen
wird im liebevollen rückblick
noch verwandelt und versöhnt

und in der abenddämmerung des sterbens
zählt am ende nur ob du dein leben
ganz im licht der liebe sehen kannst

Andreas Knapp

3. Meine Stärken sind der Rede wert

„Ned g'schempfd isch gnug g'loobd" („Nicht geschimpft ist genug gelobt"). Dieses schwäbische Sprichwort, das sich auch in
anderen Regionen Deutschlands und Österreichs großer Beliebtheit erfreut, spiegelt eine Kultur wider, in der Loben nicht vorgesehen ist. Ausbleibende Kritik – ob am neuen Outfit, beruflichen Können oder dem frisch zubereiteten Essen – gilt als kaum

zu überbietende Anerkennung. Man muss allerdings nicht erst auf nobelpreisverdächtige Großtaten warten, um anderen seine Wertschätzung auszudrücken! Dies gilt umso mehr, als die Sehnsucht nach Wertschätzung unsere menschliche Natur charakterisiert und Anerkennung wie ein Katalysator wirkt. So konnte schon mancher Schüler, der als hoffnungsloser Fall galt, über sich hinauswachsen, weil seine Lehrerin an ihn geglaubt hat. Und vielleicht haben auch Sie erfahren, wie gut eine überraschende Würdigung dessen tut, was Sie an Aufgaben Tag für Tag in Treue erledigen. In besonderer Weise gilt von einer echten Freundin oder einem guten Kumpel: Mit ihrem freundschaftlichen Blick nehmen sie das Gute und Schöne in Ihnen wahr und freuen sich daran – oder locken es aus Ihnen hervor.

Wie sieht das nun in Ihrem Umgang mit sich selbst aus? Wenn Sie auf positive Eigenschaften treffen, wie begegnen Sie sich: wie ein guter Freund oder eine echte Freundin? Das würde meinen, sich am Guten und Gelungenen zu freuen und es wertzuschätzen. Oder geht es Ihnen wie mir? Oft neige ich dazu, das, was ich an mir mag, als Selbstverständlichkeit abzutun und innerlich abzuwinken: „Nicht der Rede wert!" – wenn ich das Gute denn überhaupt wahrnehme.

Deutlich erinnere ich mich an eine aufschlussreiche Begebenheit: Nach einem persönlich und beruflich äußerst belastenden Jahr, das mich an meine Grenzen gebracht hatte, kam die ersehnte Sommerpause. Ein Freund fragte mich im Blick auf die zurückliegende Zeit, worauf ich stolz oder womit ich zufrieden sei. Ehrlich gesagt: Mir fiel kaum etwas ein. Stattdessen erzählte ich lang und breit, was ich hätte besser machen können. Mein Bekannter lehrte mich Respekt (respicere – lat.: nochmals schauen) mir selbst gegenüber. Das heißt, er animierte mich beharrlich, ein zweites Mal hinzuschauen. Und da entdeckte ich manches, das ich gut gemacht hatte, und ich konnte sehen, wie mutig ich schwierige Situationen angepackt hatte. Tränen der Freude rannen mir übers Gesicht, als ich dies bemerkte, und ich empfand tiefe Zufriedenheit mit mir.

Vielleicht halten Sie mir im Stillen entgegen: Eigenlob stinkt! Und in der Tat können sich im Eigenlob sowohl Geltungssucht als auch Abwertung anderer niederschlagen! Doch zugleich trifft auch zu: Wer nicht eitel erscheinen will, dem ist manchmal schon der bloße Gedanke an das, was er an sich schätzt, peinlich. In eine ähnliche Richtung geht, dass es vielen Leuten schwerfällt, ein Kompliment wirklich an sich heranzulassen und sich zu eigen zu machen. Stattdessen kommt es zu so typischen Reaktionen wie: „Du siehst in deinem neuen Kleid fantastisch aus!" – „Oh danke. Aber jemandem mit schlanken Beinen würde es noch viel besser stehen!"

Versteck dich nicht

Offensichtlich kann es schwerfallen, unbefangen Lob anzunehmen oder die eigenen positiven Seiten wertzuschätzen. Dafür gibt es vielfältige Gründe, und oft spielt Angst eine Rolle. *Eine* Angst ist die Furcht davor, andere zu überragen. Einerseits leben wir in einer wettbewerbsorientierten Gesellschaft, die suggeriert: Nur wenn du hervorstichst und dich als herausragend empfindest, kannst du mit dir selbst einverstanden sein. Aber andererseits wissen wir intuitiv, dass die Spitzenposition auf dem Siegertreppchen uns nicht nur aus der Menge heraushebt, sondern zugleich auch von anderen absondert. Wer andere überragt, ist eben *einsame* Spitze. Und dies reibt sich mit dem Wunsch nach Beziehung und Verbundenheit.

Damit hängt eine *zweite* Befürchtung zusammen: dass sich ein Geltungsbedürfnis breitmacht, wenn wir unsere erbrachten Leistungen oder positiven Eigenschaften schätzen. Und wir dann Gefahr laufen, großspurig und vermessen aufzutreten. – Auch das setzt die Verbindung mit anderen aufs Spiel.

Als (Schein-)Ausweg bietet sich an: Wenn du Beziehungen nicht gefährden willst, dann spiele deine guten Seiten und Erfolge herunter und konzentriere dich auf Defizitäres. Rede und denke von dir als „meine Wenigkeit". Ein solches Understatement verschafft dir außerdem den Vorteil, dass du andere angenehm überraschen kannst, anstatt sie zu enttäuschen, weil sie von dir zu Hohes erwartet haben.

Es bringt also einen innerpsychischen und zwischenmenschlichen Nutzen mit sich, wenn wir uns kleiner machen, als wir sind. Doch der Preis, den wir für eine solche Haltung zahlen, ist ungleich höher.

Ein Erstes: Wenn wir unsere eigenen Gaben verleugnen, verneinen wir einen Teil von uns selbst. Wir werden uns untreu und lassen uns im Stich. Jesus drückt dies mit einem drastischen Bild aus: Wer seine Talente vergräbt, anstatt sie einzusetzen, begräbt sich selbst. Ja, der oder die gibt sich in gewisser Weise selbst den Tod (vgl. Matthäus 25,14–30). Jedes Mal aber, wenn wir uns über Gelungenes freuen und unsere Stärken schätzen und ins Spiel bringen, erweisen wir uns einen Freundschaftsdienst. Leben wir etwas mehr in Freundschaft mit uns selbst. Dies setzt Lebendigkeit, Kreativität und neue Kräfte frei. Wir entwickeln und entfalten uns. Und zugleich gestatten wir damit auch anderen, sich zu entwickeln und entfalten.

Damit berühren wir einen zweiten Punkt: Anders als es uns die Furcht vor Beziehungsverlust einflüstert, können wir das Gute und Schöne in uns schätzen, ohne in die Falle der Geltungssucht zu geraten. Eine freundschaftlich-selbstwertschätzende Haltung muss Beziehungen nicht per se gefährden, sondern kann sie sogar bereichern! Dazu ein Gedankenexperiment: Wenn Sie Ihre eigene Größe anerkennen, bedeutet das dann zwangsläufig, dass wir beide uns nicht mehr auf Augenhöhe begegnen können? Oder wenn ich mich zu dem Guten und Lichten in mir bekenne, folgt daraus automatisch, dass ich mich von Ihnen absondere und in anderen Sphären bewege? Meine Antwort lautet: Nein! Ganz im Gegenteil: Uns könnte in all unserer Unterschiedlichkeit eine fundamentale Ähnlichkeit aufgehen, die uns miteinander verbindet. Nämlich dass Sie und dass ich, dass wir beide unsere Stärken – und unsere Schwächen – haben. Eine Zusammengehörigkeit würde deutlich werden, die uns auf der Basis unseres gemeinsamen Menschseins verbindet. Als Menschen stehen wir auf *einer* Ebene und können uns durch unsere unterschiedlichen Stärken gegenseitig bereichern.

Flieg los

Um eine solche Verbundenheit zu spüren, braucht es einen wohlwollenden, freundschaftlichen Blick. Ein solcher Blick erkennt das Lichte und Schöne in allen Menschen – auch in sich selbst – und freut sich daran. Wenn ich mich also am Guten in mir freue *und* anerkenne, dass alle Menschen ihre Gaben und Stärken haben, dann lebt meine Selbstwertschätzung nicht vom Vergleich mit anderen. Dann kann ich mich zu meiner Größe bekennen, ohne mich aufzublasen oder arrogant über andere zu erheben. Wenn ich das Licht in mir selbst würdige, dann schätze ich auch das Licht in allen und allem. Und dann ermutige ich andere, dass auch sie ihr Licht nicht unter den Scheffel stellen, sondern es leuchten lassen. Marianne Williamson bringt diesen inneren Zusammenhang in einem Text, der mich schon länger begleitet, auf den Punkt:

Unsere tiefste Angst ist nicht, ungenügend zu sein.

Unsere tiefste Angst ist, dass wir über alle Maßen kraftvoll sind.

Es ist unser Licht, nicht unsere Dunkelheit, die uns am meisten
  Angst macht.

Wir fragen uns selbst –

wer bin ich, von mir zu glauben,

dass ich brillant, großartig, begabt und einzigartig bin?

Aber genau darum geht es,

warum solltest Du es nicht sein?

Du bist ein Kind Gottes.

Dich klein zu machen nützt der Welt nicht.

Es zeugt nicht von Erleuchtung, sich zurückzunehmen,

nur damit sich andere Menschen um dich herum nicht
  verunsichert fühlen.

Wir alle sind aufgefordert, wie die Kinder zu strahlen.

Wir wurden geboren, um die Herrlichkeit Gottes, die in uns liegt,
  auf die Welt zu bringen.

Sie ist nicht in einigen von uns, sie ist in jedem.

Und indem wir unser eigenes Licht scheinen lassen,

geben wir anderen Menschen unbewusst die Erlaubnis,

das Gleiche zu tun.

Der durch Nelson Mandela bekannt gewordene Text deutet die Größe und die Verbundenheit der Menschen spirituell: Alle verdanken sich einem göttlichen Ursprung. Allen wohnt ein göttliches Licht inne, und es ist jeder und jedem aufgegeben, das eigene Licht scheinen zu lassen und – auch dadurch – andere zu bestärken, ihr Licht leuchten zu lassen. Wo das passiert, breitet sich aus der Sicht Jesu die neue, göttliche Welt aus (vgl. Matthäus 15,14–16). Doch zu Recht wird dem Christentum vorgeworfen, dass es Menschen, insbesondere Frauen, im Namen einer falschen Demutsforderung entwertet hat. Alles Große wurde als Stolz verdächtigt und dadurch wurde die göttliche Dimension in ihnen verleugnet. Nicht wenige Prediger verzerrten auf ihren intellektuellen Flachbildschirmen die Tiefe des biblischen Menschen- und Gottesbildes: Als ob Gott umso größer würde, je erbärmlicher wir über die Erde kriechen. Dies steht ganz und gar im Widerspruch zum Gründungsdokument des christlichen Glaubens – zur Bibel – und zu den großen spirituellen Traditionen!

Zu Beginn meines Studiums hat mich ein Satz aus der Frühzeit der Kirche fasziniert und lässt mich bis heute nicht los: Die Ehre Gottes ist der lebendige Mensch (Irenäus von Lyon). Es ist also nicht im Sinne des Erfinders, dass wir unsere Flügel stutzen und wie Hühner am Boden herumhüpfen, froh über das eine oder andere Korn, das wir aufpicken. Vielmehr können und sollen wir uns aufschwingen und vom Wind in die Höhe tragen lassen.

Bleib dir treu

Was bedeutet all dies für Ihr Vorhaben, mit sich selbst befreundet zu sein? Ein wichtiger erster Schritt: Pflegen Sie Ihre Fähigkeit, tief zu empfinden, dass Sie dieses oder jenes wirklich gut gemacht haben. Und seien Sie nicht zu geizig im Umgang mit sich selbst, sondern rechnen Sie damit, dass auch gelten kann: Eigenlob stimmt! Das könnte zum Beispiel heißen: „Ich habe endlich die lang vermiedene ärztliche Untersuchung machen lassen. Puh, dass ich das überstanden habe? Nein: Gut gemacht!" Oder: „Ich habe den Stammtischparolen gegen Ausländer klar widersprochen. Endlich mal den Mund aufgemacht? Nein: Echt stark!"

Sie merken: Hier spielt erneut der Blick auf das scheinbar Alltägliche eine wichtige Rolle. Die Hand zur Versöhnung ausstrecken, auch wenn Zurückweisung droht; sich für eine Sache einsetzen, auch wenn kein Erfolg winkt; einer Freundin ehrlich die Rückmeldung geben, dass sie sich danebenbenommen hat – all dies erfordert Mut. Wenn Sie sich das klarmachen und sich dafür loben, dann stärkt dies Ihre Lebenszufriedenheit. Und eine zupackende Lebenslust, die sich möglicherweise noch ganz anderes zutraut...

Schließlich lohnt es, sich zu fragen: Welcher ‚spirit‘, welche Geisteshaltung macht sich bemerkbar, wenn ich mich zu meinen Erfolgen bekenne und meine guten Seiten wertschätze? Führt mich dies zu wachsender Selbstgefälligkeit? Zu Abwertung und Abstand von anderen? Oder wird meine Verbundenheit mit anderen gestärkt, die – wie ich – ihre großen Momente und Gaben haben? Spüre ich mich als Teil eines größeren Ganzen und trage zu dessen Wohl bei? – Dann folgen Sie jenem ‚spirit‘, der zu mehr Leben führt!

Fünftes Kapitel

„TU DIR DOCH SELBST NICHT SO WEH!"
MIT EIGENEN GRENZEN LEBEN

1. Den Selbstkritiker entthronen

Neulich saß ich als Diskussionsteilnehmerin auf einem Podium. Bei einem kontroversen Punkt der Debatte reagierte ich weder klug noch souverän. Kaum hatte ich den Raum verlassen, überschüttete ich mich mit Selbstvorwürfen: „Was bist du für eine Idiotin! Dumm, wie du bist, hast du alles vermasselt!" Als mir deutlich wurde, in welchem Ausmaß ich mich innerlich beschimpfte, war ich von mir selbst befremdet. So scharf und abwertend kritisiere ich niemanden – außer mich selbst. Als ich anderen davon erzählte, nickten sie verständnisvoll. Fast jeder hatte die gleiche Erfahrung mit sich selbst schon gemacht. Harsche Selbstkritik scheint weit verbreitet.

Die meiste Selbstkritik kommt daher in inneren Dialogen und Einschätzungen. „War ja nicht anders zu erwarten!", kommentiert das ‚alter ego' jedes eigene Missgeschick, und jedem Erfolg ruft es hinterher: „Schon ganz okay, aber …!" Überhaupt erfreut sich dieses zersetzende „Aber…" großer Beliebtheit. Mit ihm lässt sich treffsicher jede Selbstwertschätzung untergraben und jeder anerkennende Blick auf sich selbst verdunkeln. Vor allem wenn es um das eigene Aussehen geht, lässt der innere Miesmacher oft kein gutes Haar an einem. Beim Blick in den Spiegel stichelt er: „Deine Frisur ist ja nur peinlich! Mit solchen Krähenfüßen im Gesicht kannst du bei niemandem landen." Oder: Unförmige Nase! Zu wenig Muskeln!…

Betrachtet man sein Inneres, fällt das Urteil ähnlich vernichtend aus, denn jeder hat irgendetwas, was er an sich nicht ausstehen kann. Der eine findet sich zu durchsetzungsschwach, zu mittelmäßig, zu ängstlich, die andere zu egoistisch, zu selbstbewusst. Wieder andere erleben sich als zu still oder zu redselig… Und außerdem: „Warum hast du deine Vorsätze mal wieder nicht umgesetzt?! Du wolltest doch mehr Sport treiben. Keine Internetkommentare mehr lesen. Das Smartphone abends im Flur liegen lassen. Dir mehr Zeit für die Familie nehmen. Mit dem Rauchen aufhören… Du kriegst einfach nichts auf die Reihe!"

Geht Ihnen das auch so: Würde mir eine andere Person all die Dinge an den Kopf werfen, mit denen ich mich im Stillen bisweilen selbst beschimpfe, hätte ich die Nase voll von ihr. Ich würde das Gespräch abbrechen und verärgert auf Abstand gehen. Doch mir selbst höre ich zu, glaube (fast) jedes böse Wort und versuche, diese vorwurfsvolle Antreiberin meiner selbst zufriedenzustellen. Aber meistens ist das eine vergebliche Liebesmühe.

Umso mehr lohnt die Frage, wie es zu dieser merkwürdigen Tendenz kommt: Warum behandeln wir Menschen uns selbst oft mit Geringschätzung oder gar Selbstverachtung? Worin liegen einige *Gründe* und möglicherweise auch Vorteile von Selbstkritik?

Ein erster Punkt: Die gesellschaftliche Atmosphäre übt einen großen Einfluss auf unser innerseelisches Betriebsklima aus. Deren Manager-Mantra „Up or out, grow or go!" hat sämtliche Lebensbereiche kolonialisiert. Das eherne Gesetz der kapitalistischen Leistungsgesellschaft „Optimiere dich oder du bist raus!" fordert, dass wir herausragen müssen, um uns als wertvoll betrachten zu dürfen. Es verlangt, dass wir das Beste aus uns machen. Und da es zu jedem Besten immer noch ein Besser gibt, schraubt sich das Ego-Tuning wie von selbst in die Höhe. Die Kehrseite dieses Credos liegt darin, dass es zugleich das Gefühl der eigenen Unzulänglichkeit nährt. Es schürt die Angst, zu durchschnittlich zu sein, um wahrgenommen zu werden. Oder die Scham, nicht außergewöhnlich genug zu sein, um dazuzugehören. Und schon schlittert man auf einer Berg- und Talfahrt zwischen grandioser Selbstüberhöhung und gnadenloser Selbstkritik. Denn die Gefahr, diese – durch die Erziehung möglicherweise verstärkten – Glaubenssätze zu verinnerlichen, ist groß.

Dementsprechend entsteht viel Ärger mit uns selbst, weil wir zu hohe Erwartungen an uns haben. Dass wir den eigenen Idealen nicht gerecht geworden oder nicht perfekt gewesen sind. Ständig kommt es zu einem inneren Datenabgleich zwischen *Ist* und *Soll*: Bin ich gut genug? Dünn genug? Selbstsicher genug? Mächtig genug? Bin ich … genug? Dieses permanente Bewerten und Vergleichen zerfrisst unser Selbstwertgefühl. Es wirkt umso zersetzender, je mehr wir unsere Realität mit unserer Fantasie darüber vergleichen, wie gut es jemand anderes hat. Und je häufiger wir uns an unerreichbaren Perfektionsvorstellungen messen, mit denen uns Werbung und Fernsehen überschwemmen: Online-Partnervermittlungen versprechen das große Glück. Wellness-Angebote werben mit Schönheit und Ausgeglichenheit und bei Kochsendungen im Fernsehen brennt nie etwas an. Kein Wunder, dass wir im Vergleich mit diesen Maßstäben keine Chance haben, gut dazustehen. Ja, bereits neben einer ganz normalen Produktwerbung für smarte I-Phones, stylische Schuhe oder biologisch angebaute Reiswaffeln sehen wir meistens ziemlich schlecht aus. Der an Optimierung geschulte Blick nährt in uns den Eindruck, nicht zu genügen.

Doch zugleich birgt es Vorteile für unsere Psyche, wenn wir uns darüber aufregen, dass wir unrealistische Erwartungen uns selbst gegenüber nicht erfüllt haben. Ein erster Vorteil: Der Zorn auf uns selbst vermittelt uns ein subtiles Gefühl von *Überlegenheit*. Das klingt paradox, kommt jedoch recht häufig vor. Stellen Sie sich vor, Ihre Freundin oder Partnerin klagt Ihnen entsetzt: „Oh, ich habe so viel Speck angesetzt, dass ich nun schon zu Größe 38 greifen muss." Damit sagt Ihre Freundin indirekt: „Eigentlich habe ich eine noch viel bessere Figur." Oder ein Kollege berichtet voll Ärger, dass ihm in der Abschlussphase eines Großauftrags ein minimaler Fehler unterlaufen sei. Und vermittelt so zwischen den Zeilen, dass er normalerweise außergewöhnlich erfolgreich arbeitet und gut für ihn einfach nicht gut genug ist. An diesen Beispielen wird wiederum deutlich: Verschiedene Stimmen melden sich in uns zu Wort. Je stärker wir uns mit der Ansicht des inneren Kritikers identifizieren, umso hingebungsvoller können wir uns in unseren empörten Empfindungen über unsere eigene Unzulänglichkeit suhlen. Wenn wir entrüstet einige Aspekte unserer selbst abkanzeln, nehmen wir ihnen gegenüber unterschwellig eine überlegene Position ein. Und das verleiht ein ziemlich gutes Gefühl. Denn der Zorn auf sich selbst vermittelt oft den Eindruck von Stärke und Macht. Und darüber hinaus auch von Kontrolle.

Damit ist ein zweiter „Gewinn" von Selbstkritik berührt: Sie befriedigt das Bedürfnis nach *Kontrolle*. Wer sich hartnäckig niedermacht, glaubt indirekt, dass er es „eigentlich" vermeiden könnte, hinter seinen angezielten Standards zurückzubleiben. Zu versagen gilt als keine legitime Option. Man habe sich lediglich nicht genug Mühe gegeben und daher selbst Schuld an der Misere. Denn darin liegt die Logik von Selbstkritik: „Wenn ich mich nur genug ins Zeug lege, dann müsste ich doch für meine Kinder immer die beste Mutter sein. Oder etwa nicht?" „Wenn ich mich nur genügend anstrenge, dann würde beruflich alles bravourös laufen, oder?" Dieser Glaube nährt die Illusion, dass wir unser Leben und Leisten im Griff haben. Und damit befriedigt Selbstkritik – wenn auch auf komplizierte und zweischneidige Weise – das fundamentale Bedürfnis nach Sicherheit und Kontrolle.

Und schließlich lebt der ausgeprägte Hang zur Selbstkritik von der – oft unbewussten – Überzeugung: Nur wenn ich mit mir streng bin und mir ja nichts durchgehen lasse, werde ich die eigene *Mittelmäßigkeit* verhindern. Allein wenn ich ordentlich Druck auf mich ausübe, vermeide ich, dass ich schlaff in den Seilen hänge, und nötige mich dazu, mich anzustrengen. Eine solche Einstellung erinnert an die (un-)pädagogische Annahme: Wer sein Kind liebt, züchtigt es.

In der Erziehung ist es schon längst aus der Mode geraten, ein Kind in Grund und Boden zu schimpfen oder es zu schlagen, wenn es eine schlechte Klassenarbeit geschrieben hat. Wenn es aber um einen selbst geht, lebt der Mythos hartnäckig weiter, dass es den Prügel der Selbstkritik braucht, um nicht vor sich hinzugammeln, sondern etwas Gutes zuwege zu bringen.

Die Selbstkritik bezieht ihre Motivationskraft also vor allem aus der Furcht: aus der Angst, in den eigenen vier Wänden heruntergeputzt zu werden, sobald man nicht sein Bestes gegeben oder eine Sache in den Sand gesetzt hat. Um der drohenden Selbstgeißelung zu entkommen, treiben wir uns vor uns selbst her...

Nörgeln bringt nichts

Indem der innere Kritiker auf uns einschlägt, nährt er in uns indirekt ein Gefühl von Überlegenheit und Stärke, von Kontrolle und Sicherheit. Und er trifft gekonnt unsere empfindlichen Stellen, um uns zu motivieren, den Prügeln durch Anstrengung zu entgehen. Doch für diese seltsame Art der Selbstfürsorge zahlen wir einen hohen Preis!

Am augenfälligsten: Sich mit Geringschätzung oder gar Selbstverachtung zu begegnen erweist sich als eine höchst problematische Angewohnheit, denn schließlich sind wir selbst jener Mensch, mit dem wir die längste Zeit unseres Lebens verbringen. Freundlicher und wertschätzender mit sich umzugehen würde dazu führen, dass wir uns in unserer eigenen Gesellschaft wohl(er) fühlen – eine deutlich sinnvollere Alternative!

Darüber hinaus stärkt barsche Selbstkritik nur sehr begrenzt die eigene Antriebskraft. Ja, langfristig betrachtet *schwächt* sie diese sogar und vermindert die Leistungskraft. So wissen wir aus der Erziehung um die entscheidende Bedeutung einer uns zugewandten Bezugsperson und einer Halt gebenden Kultur. Ein Kind kann sich in einer Umgebung, die es liebevoll umsorgt und bestärkt, entfalten und seine Kräfte entwickeln. Auf den Umgang mit sich selbst übertragen: Welchen Gemütszustand weckt es in Ihnen, wenn Sie sich anschnauzen: „Du Depp! Du bekommst auch nichts auf die Reihe!"? Vermutlich keine positive Motivation, sondern im Gegenteil: Je vernichtender Ihre Selbstkritik ausfällt, umso kleiner, missratener und unzulänglicher werden Sie sich fühlen. Bis dahin, dass Versagensangst Sie möglicherweise völlig lähmt. Wenn Sie sich jedoch darauf verlassen können, dass Sie loyal zu sich stehen – und zwar gerade auch in Zeiten, in denen die Dinge nicht optimal laufen, dann fühlen Sie sich sicher und zuversichtlich in Ihrer Gesellschaft. Und dies stärkt Ihre Freiheit, etwas von sich zu fordern, mutig Risiken einzugehen und Verantwortung zu übernehmen für das, was Sie tun.

Damit hängt zusammen: Je lautstarker sich der innere Nörgler zu Wort meldet und je mehr wir ihm Glauben schenken, umso stärker suchen wir die Anerkennung durch andere. Dies hat fatale Folgen. Ich weiß aus eigener Anschauung: Wenn ich meinen Fokus vor allem darauf richte, dass mich niemand ablehnt, sondern mich möglichst jeder schätzt, dann kann ich nicht meinen *eigenen* Weg gehen. Ja, ich schwäche meine Fähigkeit zu spüren, was ich wirklich will, und den nächsten richtigen Schritt zu erkennen. Nichts macht manipulierbarer und feiger als der Wunsch, von möglichst vielen Menschen gemocht und gelobt zu werden! Dazu kommt: Wenn der innere Miesmacher das seelische Betriebsklima prägt, dann bringen Ansehen oder Applaus nicht die erwünschte Befriedigung.

Eindrücklich erfuhr dies eine junge, erfolgreiche Frau, die – obwohl noch neu im Betrieb – aufgrund ihres Könnens weitreichende Verantwortung übertragen bekam. Durch das ihr entgegengebrachte Vertrauen, aber auch durch zahlreiche Rückmeldungen erhielt sie viel Anerkennung. Doch wie an einer Regenjacke perlte alles Lob an ihr ab. Sie konnte es sich nicht wirklich zu eigen machen, weil eine innere Stimme ihr jeden Erfolg und jegliches positive Echo kleinredete. Als ich mit ihr darüber sprach, fand sie für ihre Gefühle folgendes Bild: „Ich fühle mich wie ein Eimer mit einem Loch. Jede Wertschätzung rinnt sofort wieder heraus. Ich bin einfach nur ungenügend, unsicher und gestresst."

Natürlich war der jungen Arbeitnehmerin der ein oder andere Anfängerinnen-Fehler unterlaufen. Und natürlich gingen ihr die Sachen nicht so schnell von der Hand wie ihren Kollegen mit langjähriger Berufserfahrung. Wie sollte es auch anders sein?! Doch dies gestand sie sich nicht zu, sondern trat sich innerlich gegen das Schienbein, wenn sie ihren unrealistischen Erwartungen nicht gerecht wurde. Ihr innerer Datenabgleich zwischen *Ist* und *Soll* wies fast immer ein Minus auf.

Und hier treffen wir auf einen weiteren entscheidenden Punkt: Geprägt durch den gesellschaftlichen Optimierungswahn werden wir täglich mit dem Credo konfrontiert: „Aufsteiger und Sieger bestimmen die Szene. Schwachpunkte dürfen nicht sein." Sich von diesen Glaubenssätzen leiten zu lassen, passiert fast unausweichlich und oft unbewusst. Dann regieren in uns selbst der harte Chef, die strenge Begutachterin, der ungnädige Richter. Bei einer solchen inneren Besetzung behandeln wir insbesondere unsere Schwächen und Fehler wie Todfeinde und wollen sie ausradieren. Doch dabei übersehen wir: Grenzen und Schwächen sind – ebenso wie Stärken und Begabungen – keine ethischen Kategorien. Das heißt, bei ihnen handelt es sich nicht um Haltungen oder Verhaltensweisen, die *sein* sollen oder *nicht* sein sollen. Vielmehr sind sie Grundgegebenheiten unseres Daseins. Schwäche und Stärke, Lichtes und Dunkles, Mittelmäßiges und Unterdurchschnittliches prägen das Leben eines jeden Menschen – sogar das eigene …

Wer dies erkennt und in sein Selbstbild integriert, kann mit einem verständnisvolleren Blick auf sich selbst schauen. Und darin besteht die Voraussetzung für dauerhaftes Glück und echten Frieden: dass wir uns selbst annehmen – und zwar unsere ganze Wirklichkeit und nicht nur unsere halbe, lichte Seite.

Den Störenfried zähmen

Gehören Sie zu den Menschen, unter deren Dach ein überlauter innerer Störenfried wohnt und Gehör finden will? Was kann Ihnen in diesem Fall bei Ihrem Vorhaben helfen, mit sich befreundet zu sein? – Zuallererst die realistische Einstellung: Das abwertende

Geplapper im Kopf lässt sich leider nicht abstellen! Denn wie die Niere Urin, so produziert das Gehirn Gedanken. Es passiert also von selbst, dass Ihre Gedanken auf Wanderschaft gehen. Dass Sie dies und das wahrnehmen, kommentieren und bewerten. Doch wenn Sie mitkriegen, dass Sie sich selbst gerade innerlich ohrfeigen, dann gelingt Ihnen unendlich viel. Sie gehen den ersten, entscheidenden Schritt. Denn sobald Sie Ihre abschätzigen Gedanken achtsam wahrnehmen, haben Sie die Chance, sich von diesen zu distanzieren, anstatt sich in ihnen zu verlieren. Der neu gewonnene innere Abstand ermöglicht Ihnen, dass Sie überzogene Erwartungen an sich oder ungerechte Urteile als das enttarnen, was sie sind: als überzogen und ungerecht. Eine solche Einsicht schafft Ihnen den Spielraum, diesen aufdringlichen Stimmen keinen Glauben mehr zu schenken und aufzuhören, sich selbst von innen zu verletzen. Sie können nach einem freundlicheren Umgang mit sich selbst suchen.

Also: Falls Sie mal wieder über Ihren inneren Quälgeist stolpern sollten, dann attackieren Sie ihn nicht. Denn es wäre ein hoffnungsloses Unterfangen, wenn Sie Ihre Selbstkritik durch Selbstkritik überwinden wollen. Glauben Sie mir, das habe ich schon häufiger erfolglos versucht... Anstatt den inneren Nörgler zu verurteilen, führt es weiter, wenn Sie ihn hören, aber nicht *auf* ihn hören. Wenn Sie ihm die Beurteilungslizenz entziehen, weil er Sie eben nicht objektiv beurteilt. Mit seiner meckernden Stimme redet er nämlich das Gute klein und vergrößert jeden noch so unbedeutenden Pickel oder Patzer. Sobald Sie dem Miesepeter nicht mehr jedes böse Wort glauben, wackeln Sie ein wenig an seinem Thron. Mit der Zeit führt er sich dann in der Regel nicht mehr als letzte Beurteilungsinstanz auf, sondern wird etwas bescheidener; verhält sich ruhiger und milder. Schließlich wird er zu *einer* Stimme unter den vielen Stimmen im eigenen *Ich*.

Um dem Selbstkritiker auf die Spur zu kommen, braucht es Interesse und Aufmerksamkeit. Diese können Sie sensibilisieren, indem

Sie auf Ihre inneren Dialoge achten und sich fragen: Was sage ich mir selbst, wenn ich einen Fehler gemacht habe? Wie kritisiert mich der innere Kritiker: Klagt er an, schimpft er mit mir oder zeichnet er sogar das Bild einer Katastrophe? Jammert er vielleicht wehleidig? Vergleicht er mich mit anderen Leuten oder sogar mit irgendwelchen total durchgestylten Medientypen und lässt mich schlecht aussehen neben ihnen?

Aufschlussreich kann auch sein, darauf zu achten: Wann hat der innere Miesmacher Oberwasser: nachdem ich mich mit bestimmten Personen getroffen habe? Wenn ich müde und ausgepowert bin? Oder wenn ich abends im Bett vergeblich versuche einzuschlafen?

Wenn wir unserer Selbstkritik eine solche Wachsamkeit entgegenbringen, werden wir entdecken: Wie die Kritik einer feindlich gesinnten Kollegin oder eines Rivalen kann auch scharfe Selbstkritik überzogen, ja sogar grundlos sein. Und wir können unsere feindliche Debatte in einen freundlicheren inneren Dialog verwandeln.

Stärken und Schwächen machen liebenswert

Doch was ist, wenn wir bei unserer Selbstbetrachtung auf Verhaltensweisen und Eigenschaften stoßen, die in der Tat kritikwürdig sind? Es wäre zu simpel, lediglich zu sagen: Steig aus deinen überzogenen Selbstansprüchen aus, um deinen inneren Nörgler zu besänftigen und das wirklich gute Leben zu finden. Denn wir Menschen machen Fehler mit teilweise dramatischen Folgen. Etwa ein verheerender Unfall, den wir durch eine kleine Unaufmerksamkeit verursacht haben. Oder wir lassen uns manchmal einfach gehen, haben ungute Charaktereigenschaften und werden an anderen schuldig. Wie sollen wir damit klarkommen?

Viele meinen, dass in diesem Fall ein freundlicher, ja freundschaftlicher Umgang mit sich selbst fehl am Platz sei. Denn das verführe nur dazu, sich selbstzufrieden einzurichten, anstatt sich anzustrengen. Doch das ist falsch! Wir werden nämlich nicht dadurch zu einem besseren Menschen, dass wir auf uns einprügeln. Unsere Fähigkeit, uns weiterentwickeln zu können und zu wollen, lebt vielmehr von einer wohlwollenden Atmosphäre.

Das ist wie in einer Freundschaft: Da weiß jemand um unsere Stärken und Schwächen – und mag uns so, wie wir sind. Auch wenn er oder sie nicht alles gutheißt, was wir getan haben. In der Gegenwart einer solchen Freundin oder eines solchen Freundes lässt sich aufatmen. Es ist wie ein Zu-Hause-Ankommen.

Mit sich selbst befreundet sein angesichts der eigenen Fehler und Grenzen funktioniert ganz ähnlich: Will ich Frieden schließen auch mit dem, was meinem Selbstbild widerspricht, Frieden mit der Angst und Bequemlichkeit, mit dem Unansehnlichen und Bedürftigen, mit dem Destruktiven und Lieblosen? Bin ich bereit, mich von Selbstidealisierungen und Allmachtsfantasien zu verabschieden? Will ich großmütig darauf schauen können, dass ich mit mir selbst zu streng war und meine Erwartungen zu hoch gesteckt habe? Will ich mir zugestehen, dass ich nicht so perfekt und unangreifbar bin, wie ich es gerne wäre?

Diese oder ähnliche Fragen stellen sich auf dem Weg der Befreundung mit sich selbst immer wieder neu. Denn ein solcher Weg ist ein lebenslanger Prozess. Immer wieder tauchen Seiten auf, die einen ärgern und die man am liebsten verleugnen würde. Dann gilt es, erneut *Ja* zu sagen zu allem, was in einem ist, es anzunehmen und in die Arme zu schließen.

Von Franz von Assisi ist eine vielsagende Geschichte überliefert: Ausdrücklich schreibt Franziskus in seinem Testament, der Anfang seiner Bekehrung sei gewesen, als er einen Aussätzigen geküsst habe. Zuvor hatte Franziskus diesen Kranken gemieden und war vor ihm davongelaufen. Diese Szene lässt sich auch als Flucht vor der eigenen Krankheit und Zerbrechlichkeit deuten. Indem Franziskus den Aussätzigen zärtlich in die Arme nimmt und küsst, umarmt er auch sein eigenes Menschsein mit seinen Grenzen und mit seinem „Schatten". In diesem Augenblick geht ihm die befreiende Kraft bedingungsloser, göttlicher Liebe auf!

Die spirituelle Erfahrung, dass das eigene Leben mit all seinem Gelungenen und Zerbrochenen in etwas Größerem geborgen ist, findet sich in fast allen Religionen. Und sie steht im Zentrum der christlichen Spiritualität. Meine Erfahrung ist: Je stärker mein Vertrauen wächst, mich nicht perfektionieren zu müssen, um ein wertvoller Mensch zu sein, umso mehr geht mir die befreiende Kraft des Glaubens auf. Ich werde freier von der quälenden Angst, nicht zu genügen. Also von jener Angst, die einen so schnell in gnadenlose Selbstüberforderung treibt. Und ich werde freier, die *ganze* Wahrheit meines Lebens wahrzunehmen und anzunehmen. Je mehr ich der göttlichen Liebe zu trauen lerne, umso mehr finde ich zum eigenen Selbst.

Aber leider herrscht auch in den Kirchen oft ein latenter Druck, permanent an sich arbeiten und sich verbessern zu müssen. Eine krankhafte Vorliebe für Ordnung und Fehlerfreiheit engt das Leben ein. So rücken manche Gott in die Nähe eines einschüchternden Übervaters, dem sie es nie recht machen können. Um nicht anzuecken und keine Angriffsfläche zu bieten, versuchen sie, sich durch besondere Frömmigkeit oder moralische Leistung gegen das drohende himmlische Donnerwetter abzusichern. Doch genau betrachtet sind das ständige Streben nach Selbstoptimierung und gnadenlose Selbstkritik eine Form von Atheismus. Von konkret gelebtem Unglauben. Denn in dem Maße, in dem ich versuche, mich selbst zu vervollkommnen, bin ich nicht verbunden mit dem göttlichen *Ja*, das ohne Wenn und Aber, ohne Vorbehalt und Einschränkung gilt.

Ich habe den Eindruck, dass jeder Tag viele Gelegenheiten bietet, im Umgang mit sich selbst freundschaftsfähiger zu werden. Eine Gelegenheit bot sich mir, als ich im Anschluss an die besagte Podiumsdiskussion über meine eigene Selbstkritik gestolpert bin. Anstatt mich weiter innerlich zu ohrfeigen, versuche ich in solchen Momenten – nun ja – zumindest eine Art Waffenstillstand mit mir zu schließen. Und ich schaue, wie ich meinen inneren Kritiker von seinem Richterstuhl herunterholen und wie ich mir wohlwollender begegnen kann, damit ein tragfähiger Friedensschluss möglich wird. Natürlich: Sich innerlich zu umarmen, wenn man sich ratlos oder schwach, elend oder fehlerhaft fühlt, ist ohne Zweifel ganz schön schwierig. Aber es ist eben auch *schön* schwierig, denn darin gewinnt das Leben mit mir und mit anderen eine neue Schönheit und Stimmigkeit.

2. Glaub nicht alles, was du denkst

„Ich hasse es wie die Pest, ohnmächtig zu sein!" Auffordernd blicke ich meinen Gesprächspartner an und denke: Der wird mir zu helfen wissen. Denn er ist ein erfahrener Ratgeber. Und außerdem kennt er bestimmt kompliziertere Fälle als mich. „Mich nicht auszukennen, finde ich schrecklich. Und vor allem halte ich es kaum aus, dass ich an meiner Situation nichts ändern kann. Ohnmacht ist einfach füüürch-teer-lich!"

Er blickt mich leise lächelnd an, als ob ich ihm etwas sehr Schönes erzählt hätte. Verwirrt und leicht verärgert fahre ich fort: „Im Lauf der Jahre bin ich sensibler geworden für meine innere Welt.

Ein ,Erfolg' dieser größeren Wachheit liegt sicher darin, dass ich nun auch meine Ohnmachtsgefühle stärker spüre. Und das halte ich für äußerst wichtig. Denn erst dann kann ich freier werden von ihnen. Kann sie und ihre Begleiterscheinungen überwinden. Und das will ich!"

„Was für Begleiterscheinungen?", fragt er interessiert.

„Ich werde gereizt und ungeduldig. Versuche, die Situation in den Griff zu bekommen, die Sache zu regeln oder unter Kontrolle zu bringen. Und wenn das nicht klappt, könnte ich aus der Haut fahren! Ich klage andere still oder lautstark an und gebe ihnen die Schuld. Und dann gibts noch so Strategien wie, dass ich mich in Terminstress, Arbeit oder auch in die Weiten des Internets flüchte."

Mit einem leichten Kopfnicken als Zeichen seines Verstehens fasst er noch einmal nach: „Wann erlebst du dich als ohnmächtig?"

„Wenn mir das Leben einen Strich durch die Rechnung macht und eine Krankheit meine Pläne durchkreuzt. Wenn ich in einem Konflikt nicht weiß, wie es weitergeht. Wenn Menschen, die ich liebe, mit Schwierigkeiten ringen und ich nichts für sie tun kann, außer an ihrer Seite zu stehen. Wenn ich sehe, wie Menschen am Krieg verdienen."

Ich hole Atem und fahre fort: „Ich fühle mich ohnmächtig, wenn alles von einem Grauschleier bedeckt ist; wenn sich mein Alltag trostlos und kalt anfühlt, weil meine Stimmung im Keller ist. Wenn ich mir vorstelle, was in der Zukunft alles passieren kann … Ich kann dieses Gefühl der Ohnmacht einfach nicht ausstehen! Das will ich ändern. Geht das?"

„Ich denke schon", antwortet mein Gesprächspartner.

Erleichtert lehne ich mich zurück. Doch dann beschleicht mich der Verdacht, dass er es vielleicht anders meinen könnte, als ich es vor Augen habe …

Wenn es anders kommt als erhofft

Unser Leben gleicht einer Perlenschnur, auf der sich unaufhörlich Erfahrung an Erfahrung reiht – unvorhersehbar, oft auch paradox und spannungsreich: Glücksmomente und durchkreuzte Pläne, Niederlagen und Erfolge, Erhofftes und Enttäuschungen. Mal fühlt sich der Augenblick großartig an und dann wieder miserabel. Mal farblos und leer und dann wieder froh beschwingt … So ist das Leben eben!

Diesen Satz in seiner Allgemeinheit zu bejahen, fällt leicht, doch ihn im Konkreten zu beherzigen ungleich schwerer. Meistens laufen wir nämlich Sturm dagegen, wenn im Leben die Sachen nicht so laufen, wie wir wollen. Etwa: Nicht ich, sondern jemand anders hat den erhofften Job bekommen. Ich bin noch immer ohne Partner. Oder viel banaler: Statt Schnee bedecken während des Skiurlaubs die ersten Schlüsselblumen die Hänge … Manche dieser Situationen können wir verändern. Andere aber liegen nicht in unserer Macht. Wir erleben uns ausgeliefert und oft steigen dann Furcht, Zorn oder Ohnmacht in uns auf.

Es gehört zu den größten Herausforderungen des Lebens, dass wir uns mit den schmerzhaften Erfahrungen, die uns das Leben zumutet, arrangieren. Ja, dass wir Schritt für Schritt Frieden schließen damit, dass auch dunkle Kapitel zu unserer Geschichte gehören – etwa eine zerbrochene Beziehung, der Verlust des Arbeitsplatzes, eine Krankheit, die unseren Lebensradius einschränkt … Dazu lesen Sie in späteren Kapiteln mehr. An dieser Stelle möchte ich Ihren Blick auf etwas anderes lenken: nämlich, dass wir Menschen über eine zielgenaue Technik verfügen, schmerzhafte Erfahrungen zu verstärken und in ein hartnäckiges Dauer-Leiden zu verwandeln. Und dass wir diese Technik zu allem Überfluss auch noch allzu oft einsetzen. Eine treffliche Art, sich selbst zum Feind, zur Feindin zu werden!

Das Kopfkino als größter Stressfaktor

Die Fähigkeit, mit der wir Menschen uns selbst das Leben schwer machen, fächert mein Gesprächspartner im Verlauf unseres Treffens in vier Aspekte auf. Und mir wird deutlich, dass ich in diesen Aspekten bisweilen eine beachtliche Meisterschaft entwickle.

Erstens: *Wir leiden, weil wir das nicht haben, was wir wollen.* Dieses Leiden erfreut sich weiter Verbreitung. Manche verbringen freudlos einen Großteil ihre Zeit damit, sich nach Dingen oder Eigenschaften zu sehnen, die sie nicht ihr Eigen nennen. Und selbst, wenn gerade alles passt: Schöner wärs, wenns schöner wäre. Oder etwa nicht?!

Zweitens: *Wir leiden, weil wir etwas haben, was wir nicht wollen.* Es gibt vieles im Leben, das wir lieber gar nicht oder zumindest gerne anders hätten. „Ach, wenn der Kollege kündigen würde… Oder wenigstens in einem anderen Büro säße oder nur heute einmal seinen Mund halten könnte!" Oder wir erkennen beim morgendlichen Blick in den Spiegel: „Oh je, das erste graue Haar!" – und schon beginnt die Abwärtsspirale. Auch unser Inneres mutet ungefragt Unwillkommenes zu: Charaktereigenschaften, körperliche und geistige Grenzen, seelische Narben… Wie oft wünschen wir uns, eine andere oder ein anderer zu sein.

Bei beiden Aspekten vergleichen wir die Realität mit unseren Vorstellungen und Idealbildern. Ein normaler, unausweichlicher und auch lebenswichtiger Vorgang. Problematisch wird es jedoch, wenn wir uns der Realität verweigern und uns „auf Teufel komm raus" an unsere Vorstellungen klammern, wie das Wetter, die Partnerin, der Job sein sollten. Wie das Leben oder wie wir „eigentlich" sein sollten. Denn dann kann das Leben nur verlieren. Dann können *wir* nur verlieren. Aus unseren Vorstellungen, wer oder wie wir sein – oder eben nicht sein – sollten, bezieht nicht zuletzt auch der innere Selbstkritiker einen Großteil seiner Munition. Je höher die Wunschbilder geschraubt sind und je weniger wir den Erwartungen entsprechen, umso schärfer kann er schießen.

Ein realistischer Blick zeigt: Es kommt oft vor, dass unsere Vorstellungen und Erwartungen wie dunkel getönte Brillen wirken, die den Blick auf die Realität eintrüben und sie mit einem Negativschleier überziehen. Auf diese Weise werden wir mit unserem Kopfkino zum Urheber oder zur Urheberin der eigenen Unzufriedenheit. Ein innerer Film läuft ab, der zwangsläufig auf ein ‚unhappy end' zuläuft. Mit einer solchen Dramaturgie gelingt es uns ziemlich treffsicher, uns und anderen das Leben zu vermiesen.

Doch damit nicht genug! Es gibt noch die Fortgeschrittenen-Version, wie wir durch unsere Fantasien und Vorstellungen uns selbst leidend machen oder unser Glück trüben. Auf eine Version sind wir bereits im Nachdenken über Freude gestoßen: dass nämlich unser Hirn in Glücksmomenten manchmal wie von selbst Unglücksfantasien produziert, Ängste schürt und dadurch unsere Freude schmälert, wenn nicht sogar raubt (vgl. Seite 81–89).

Daher drittens: *Wir leiden, weil wir genau das haben, was wir wollen.* Ja, Sie haben richtig gelesen! Ich spreche von Momenten, in denen wir uns eigentlich glücklich fühlen könnten und es vielleicht auch sind. Doch gerade in solchen Augenblicken gesellt sich gerne die Furcht dazu, dass wir diesen Moment nicht festhalten können. Dass er vorübergehen wird oder zerbrechlich ist. Wir leiden also an dem Schönen, das uns gegeben ist. Wir leiden daran, dass uns das Schöne möglicherweise einmal genommen sein wird.

Ähnlich gelagert ist der vierte Aspekt: *Wir leiden, weil wir nicht haben, was wir auch unter keinen Umständen haben wollen.* Angenommen, Sie laufen regelmäßig Marathon und freuen sich daran, dass Sie ohne Beschwerden große Strecken joggen können. Nur gelegentlich ziept es im linken Knie. Der Gedanke, dass in einigen

Jahren Ihre Knie nicht mehr mitspielen werden, macht Ihnen zunehmend Sorgen und vermiest Ihnen die Freude am Training, das Sie in diesem Augenblick beschwerdefrei und kraftvoll absolvieren.

Bei den beiden letztgenannten Punkten spielen die Angst vor der Zukunft und die eigene Verwundbarkeit die Hauptrolle. Die Angst, dass wir die Zukunft nicht im Griff haben und Unerwünschtes, ja Schlimmes passieren könnte. Tiefer liegend: Die Angst, dass wir selbst, dass die Menschen, die wir lieben und die Dinge, die wir aufgebaut haben, verletzlich und vergänglich sind. Solche Zukunftsgedanken können unser *Jetzt* in Beschlag nehmen. Sie rauben uns das Glück der Gegenwart, indem sie uns voll Sorge in die Zukunft blicken lassen. *Wir* rauben uns mit unseren gedanklichen Zukunftsszenarien den gegenwärtigen Augenblick. An sich schon eine wenig sinnvolle Sache. Aber darüber hinaus entpuppen sich die Befürchtungen im Nachhinein oft auch noch als pure Hirngespinste.

Den Geist der Freundschaft pflegen

Besitzen auch Sie die Fertigkeit, sich das Leben schwerer zu machen, als es ohnehin schon manchmal ist, oder Ihr Glück zu schmälern? Wenn Ihnen ein ungesundes Gedankenkino vertraut sein sollte, dann hilft es nicht, dieses gewaltsam abstellen zu wollen. Denn dann schwirren die Vorstellungen, Erwartungen und Befürchtungen umso reger durch Ihr Inneres. Sie können jedoch darauf achten, dass Sie sich nicht von Ihren Gedanken und den damit verbundenen Gefühlen mitreißen lassen oder sich diese noch weiter ausmalen. Das Beste wäre, die österreichische Kunst zu erlernen, solche Gedanken oder Gefühle „ned amoi zu ignoriern"! Je mehr Sie in dieser Fertigkeit voranschreiten, umso deutlicher werden

Sie merken: Wenn ich den Impulsen ähnlich wie Spam-Mails oder Pop-up-Anzeigen keine weitere Bedeutung beimesse, dann verlieren sie mit der Zeit ihre Macht.

Gleichzeitig können Sie versuchen, heilenden und aufbauenden Vorstellungen mehr Raum zu geben. Gedanken, die Freude und Vertrauen, Frieden und Wohlwollen, Großzügigkeit und Mitgefühl stärken. Innere Bilder, die Ihre Freundschaft mit sich und dem Leben vertiefen und Ihre Verbundenheit mit anderen fördern.

Auf die eigene Gedankenkultur zu achten funktioniert ähnlich wie die Pflege von Blumen: Je nachdem, ob Sie einer Pflanze ausreichend Wasser und Licht zukommen lassen oder nicht, wird diese wachsen und aufblühen – oder sie wird verdorren und eingehen. Analog ist es bei der Pflege unserer Innenwelt: Jene Gedanken und Gefühle werden wachsen, blühen und sich fortpflanzen, denen Sie Energie zuführen, indem Sie ihnen Aufmerksamkeit und Raum geben. Und umgekehrt werden jene Gedanken, um die Sie sich nicht kümmern, mit der Zeit verkümmern.

Die Annahme, dass Gedanken ja „bloß" Gedanken und daher eine vernachlässigbare Größe seien, führt fatal in die Irre. Denn die inneren Bilder prägen unsere Einstellungen und unsere Geisteshaltung und pflanzen sich fort im Handeln. Daher tragen wir Menschen nicht allein Verantwortung für unser Tun und Lassen, sondern ebenso auch für unsere Gedankenwelt. Immer wieder stehen wir vor der Entscheidung, welchen Vorstellungen und Erwartungen wir Raum geben und zum Wachstum verhelfen wollen. Nicht erst Ausnahmesituationen, sondern der ganz normale Alltag stellt uns vor die Frage, welche Geisteshaltung wir pflegen möchten. Welchem „Geist" wir Glauben schenken wollen: dem Geist der Bitterkeit und Anklage, dem der abgehobenen Ideale, der Unzufriedenheit oder Angst? Oder dem Geist der Güte und Gelassenheit, der Heiterkeit und Hoffnung? Dem Geist der Freundschaft?

Die spirituelle Tradition des Christentums sieht im Geist der Freundschaft ein Erkennungsmerkmal des Göttlichen: Die göttliche Welt, das sogenannte „Reich Gottes", gewinnt in dem Maße Raum in uns und um uns, wie wir uns diesem Geist anvertrauen. Wo Gerechtigkeit und Frieden, Freiheit und Freude wachsen, da ereignet sich Gott.

Sag Ja zu dir

Wie lässt sich eine lebensbejahende Gedankenkultur stärken? – Das sieht bei jeder und jedem anders aus. Wichtig wäre nur, nach den eigenen Quellen zu suchen. Und sie dann auch regelmäßig aufzusuchen, um aus ihnen zu schöpfen. Ich persönlich nehme gerne eine geeignete Lektüre zur Hand oder lerne Gedichte auswendig. Einige davon haben Sie in diesem Buch bereits kennengelernt. Ich spreche mit vertrauten Menschen, und ich verabrede mich mit mir selbst, um mir klarer zu werden, in welche Richtung ich gerade unterwegs bin.

Vor allem helfen mir Zeiten der Stille und des Gebets, in denen ich einfach da bin. Hier entwirrt sich mein Inneres manchmal wie von selbst. Ich spüre die Relativität von allem – auch von meinen Gedanken und Gefühlen, die kommen und gehen. Wenn ich lange einfach nur auf die Stille höre, ahne ich eine tiefere Wirklichkeit. Die große Stille umhüllt mich und erfüllt mich. Keine Totenstille, sondern eine Stille des Friedens.

Und dennoch! Obwohl ich versuche, aus diesen Quellen zu schöpfen, können Sie mir glauben: Die genannten vier Punkte, wie wir Menschen – ungewollt und wie von selbst – unseren Tag eintrüben, fordern mich bis heute stark heraus. Manchmal muss ich über dieses merkwürdige Wesen schmunzeln, das ich bin und das mit einer solchen Kreativität Gründe findet, um zu leiden oder sein Glück zu schmälern. Doch oft genug bin ich genervt von mir, wenn ich über mein destruktives Gedankenkino stolpere.

Apropos Stolpern: In das verhasste Ohnmachtsgefühl tappe ich immer mal wieder hinein. Und meine spontane Reaktion besteht nach wie vor darin, dass ich es fürchterlich finde und am liebsten zu etwas anderem flüchten würde. Doch mit einer gewissen Zeitverzögerung gelingt es mir inzwischen, aus dem Gedanken- und Gefühlskarussell auszusteigen und mich zu fragen: „Was passiert gerade in deiner äußeren Welt und in deinem Innern? Und was macht dich an diesem Gefühl sooo leidend?" Oft entdecke ich, dass überzogene Idealbilder von mir oder vom Leben an sich dahinterstecken. Implizite Grundannahmen wie „Eigentlich solltest du deine Ohnmacht überwinden und dein Leben im Griff haben. Und außerdem: Wenn du dich als gläubige Christin mehr vom Geist des Vertrauens leiten lassen würdest, käme das Gefühl gar nicht so stark auf." – Nüchtern betrachtet zwei völlig falsche Annahmen! Ohnmacht zu erfahren gehört einfach zum Leben! Natürlich fühlt sich das bisweilen fürchterlich an. Doch der springende Punkt liegt woanders: Wenn ich mich auf Dauer an dieser unausweichlichen Tatsache reibe, dann werde ich wund. Und wenn ich mich auf Dauer darüber beschwere, mache ich mir mein Leben unnötig schwer. Verändere ich hingegen meine Erwartungen und akzeptiere, dass auch Schmerz, Leiden und Ohnmacht zum Leben dazugehören, dann werden mich diese Erfahrungen nicht mehr so stark quälen. Trotz Not kehrt irgendwie ein innerer Frieden ein. Und wer weiß: Vielleicht werde ich eines Tages meiner Verwundbarkeit und Ohnmacht sogar die Hand zur Versöhnung reichen und auch mit diesen beiden Facetten meines Menschseins etwas mehr Freundschaft schließen können.

3. Endlich leben

„Freunde fürs Leben" lautet der Titel dieses Buches. Aber streicht nicht spätestens die schwärzeste Tatsache unseres Daseins – dass wir sterben werden – das ambitionierte Vorhaben durch, sich mit dem Leben in all seinen Farbtönen und Schattierungen anzufreunden? Entpuppt sich der Titel nicht als ein bloßer Wunsch?

An den Tod denken die meisten mit Schrecken. Wir fürchten uns vor langem Dahinsiechen, bohrenden Schmerzen, Einsamkeit und vor schier endlosen Nächten. Wir fürchten uns davor, die eigenen Kinder oder die Partnerin zurückzulassen und dass wir den letzten Schritt alleine gehen müssen... Noch mehr ängstigt der Tod, weil er – zumindest hier auf dieser Erde – das Ende all dessen bedeutet, was uns lieb und wertvoll ist: das Aus von Freundschaft und Liebe. Das Ende unseres Fühlens und Denkens, unseres Wirkens und Empfangens. Und das Ende unserer selbst. Wir werden fallen!

Wenn uns diese unauslotbare Abgründigkeit unseres Lebens wirklich unter die Haut geht – oftmals infolge eines schmerzlichen Abschieds oder eines runden Geburtstags, einer Scheidung, Kündigung oder Krankheit –, dann kann ein namenloses Grauen in uns aufsteigen. Die Angst vor dem Tod und dem endgültigen Abschied lässt sich nicht schönreden! Sie durchzieht unser Leben wie ein mehr oder weniger verborgenes Wasserzeichen. Sie unterscheidet uns Menschen von Tieren, die angebunden an den „Pflock des Augenblicks" kein Gestern und kein Morgen kennen. Der Mensch hingegen weiß, dass er eines Tages nicht mehr sein wird, und dieses Wissen hat ihm die Angst vor dem Tod beschert.

Leben statt gelebt werden

Und doch muss der Tod nicht der Todfeind des Lebens sein! Im Gegenteil, wer wirklich spürt: „Ich habe nur dieses Leben", der entdeckt dessen Kostbarkeit oft mit einer neuen Klarheit. Der Gedanke an den Tod macht uns die Einzigartigkeit und Würde jeden Augenblicks bewusst. Und dies kann uns dazu animieren, leidenschaftlicher zu leben. Den unwiederholbaren Augenblick intensiver auszukosten und gerade auch die kleinen Dinge des Alltags mehr wertzuschätzen.

Damit eng verbunden: Wenn wir die Begrenztheit unserer Lebenszeit erkennen, dann sehen wir auch, dass es alles andere als gleichgültig ist, was wir aus diesem Tag und dieser Woche machen. Was wir mit unserem Leben anfangen. Die Beschäftigung mit dem eigenen Ende fordert uns auf, uns weder im Kleinkram zu verlieren noch uns auf dem Beifahrersitz durch unser Leben kutschieren zu lassen. Kein austauschbares Leben zu führen, indem wir uns an die Erwartungen anpassen, was „man" halt so tut und lässt. Das Wissen um den Tod ruft aus der Beliebigkeit heraus. Er ruft ins eigene Leben hinein. Er stellt entscheidende Fragen: Worauf kommt es dir letzten Endes an? Wer willst du sein? Wozu bist du auf der Welt?

Herauszufinden, was einem wirklich, wirklich wichtig ist, gehört zum Wichtigsten im Leben! Aber leider häufig auch zum Schwierigsten. Wenn Sie von Ihrem Ende her leben, wenn Sie also in diesem Sinne endlich leben, kann dies Ihren Blick schärfen für das, was für Sie letzten Endes zählt. Worauf es Ihnen ankommt. Und zugleich kann das Wissen um die Begrenztheit Sie bestärken, sich klar für das zu entscheiden, was Ihnen wirklich am Herzen liegt. Und das dann auch entschieden zu tun – und anderes zu lassen.

Doch dem steht oft eine Verschieberitis im Weg: „Ach, wenn ich erst mal die Ausbildung abgeschlossen habe ... die Kinder aus dem

Haus sind … die Wohnung abbezahlt ist … ich nicht mehr arbeiten muss, dann …" Wie oft verschieben wir mit solchen Seufzern das Leben auf morgen. Und bisweilen vertagen wir es dadurch, ganz ungewollt, auf den Sankt-Nimmerleins-Tag. Denn wer garantiert uns, dass es ein Morgen gibt?

… als wäre es der Letzte

Das Bewusstsein, dass das Dasein endlich ist, mahnt, das Leben nicht zu vertagen, sondern es beim Schopf zu packen. In der Frage, worauf es Ihnen letzten Endes ankommt, schwingt nämlich auch mit: Worauf kommt es Ihnen *heute* an?

Die Antwort, die Sie mit Ihrem Leben geben, ist individuell und einmalig. Niemand kann und niemand darf für Sie antworten. Sie sind gefragt! Aber Sie können sich von anderen inspirieren lassen. Egal, ob Sie jemanden im Prozess des Sterbens begleiten, die großen spirituellen Traditionen betrachten, Mythen oder Kunst zu sich sprechen lassen oder ob Sie auf Ihr eigenes Inneres hören – die Antworten auf diese Frage weisen oft in eine ähnliche Richtung: Am Ende unseres Lebens bleibt uns das, was wir zuinnerst erlebt und gespürt haben. All das behält einen bleibenden Wert, was wir wach und bewusst erlebt und in Liebe getan haben.

Richard Carlson, ein amerikanischer Psychologe und Autor, der mit 45 Jahren an einem plötzlichen Herzversagen starb und Frau und Kinder zurückließ, hat zu Lebzeiten darüber nachgedacht, worauf es ihm heute ankäme, wenn er wüsste, dass es kein Morgen gibt. In seinem bekannten Text „If I knew" heißt es:

„Wenn ich wüsste, dass es das letzte Mal ist, dass ich Dich einschlafen sehe, würde ich Dich besser zudecken und zu Gott beten, er möge Deine Seele schützen. Wenn ich wüsste, dass es das letzte Mal ist, dass ich Dich zur Türe rausgehen sehe, würde ich Dich umarmen und küssen und Dich für einen weiteren Kuss zurückrufen. Wenn ich wüsste, dass es das letzte Mal ist, könnte ich einen Moment innehalten, um zu sagen: ‚Ich liebe Dich‘, anstatt davon auszugehen, dass Du weißt, dass ich Dich liebe."

In der Freundschaft mit sich zu wachsen hat viel damit zu tun, dass wir aus dem Autopilot-Modus aussteigen. Dass wir in Tuchfühlung kommen mit den eigenen tiefen Intuitionen und die Chancen ergreifen, sie umzusetzen. Um den wirklich wesentlichen Dingen auf die Spur zu kommen, kann es hilfreich sein, dass Sie das Buch einen Augenblick zur Seite legen und den folgenden Satz auf sich wirken lassen: „Wenn ich wüsste, dass es das letzte Mal ist …" Welche Menschen, Situationen oder Tätigkeiten kommen Ihnen in den Sinn?

Sie können sich auch fragen: Was würde ich tun und was würde ich lassen, wenn ich wüsste, dass ich nur noch drei Monate zu leben habe? Oder Sie machen es wie Steve Jobs, der sich in seinen drei letzten Lebensjahrzehnten jeden Morgen beim Blick in den Spiegel fragte: „Wenn heute der letzte Tag meines Lebens wäre, würde ich das tun wollen, was ich heute tue?" Und wann immer die Antwort über einen längeren Zeitraum „nein" lautete, wusste er, dass er etwas ändern musste.

Leben wir in der Bewusstheit unserer Endlichkeit, dann geht es also offensichtlich nicht um die Kultivierung einer todesverliebten Sehnsucht, sondern um eine größere Loyalität sich selbst und anderen gegenüber. Um die Kunst einer lebenszugewandten Haltung. Natürlich, die Angst vor dem Tod wird dadurch nicht schwinden, aber sie wird kleiner werden. Denn die Intensität der Angst und der Umfang des nichtgelebten Lebens hängen zusammen. Wer sein eigenes Leben noch gar nicht gelebt hat, für den kommt der Tod immer zu früh. Wie soll er auch sein Leben, das er bislang an sich hat vorbeiziehen lassen, aus der Hand geben können? Wer jedoch sein Leben bewusst führt und es im Großen und Ganzen dankbar bejaht, wird es im Sterben leichter loslassen können.

Lichtes Dunkel

In der Begleitung eines jungen, schwer krebskranken Mannes habe ich eindrücklich erleben dürfen, wie jemand in einer derartigen Situation innerlich Klarheit gewinnt: Immer wieder schwappten Wogen von Angst über ihn hinweg, und Todesangst krallte sich in seinen Nacken. Doch trotz des Grauens verweigerte er sich mit spürbarem Unwillen allen gut gemeinten Beschwichtigungen und verschiedenen Spielarten, seine lebensbedrohliche Situation zu verleugnen. Nach Monaten, in denen er von seinen Gefühlen wie in einer Wäschetrommel hin- und hergeschleudert worden war, formulierte er für sich ein persönliches Manifest. Darin heißt es: „Egal ob ich noch lang oder kurz lebe – ich lebe jetzt! In diesem Augenblick! Weder will ich meine Gedanken an Leiden und Tod vertreiben, noch mich ständig mit ihnen herumschlagen. Ich will mich mit der Gewissheit, dass meine Uhr abläuft, vertraut machen – und dann damit leben. Im Licht dieses dunklen Wissens spüre ich so viel mehr als je zuvor, wie beschenkt ich bin: Ich lebe auf einem wunderschönen Planeten. Ich kann fühlen und denken und bin verbunden mit Menschen, die ich schätze und liebe und die mich lieben."

Die Konfrontation mit seiner Sterblichkeit beschrieb dieser Mann mit dem mir aus der Mystik vertrauten Bild von der leuchtenden

Dunkelheit. Zum *Dunklen* gehört, dass ihm die Auseinandersetzung mit Krankheit und Tod viele Sicherheiten *genommen* hat – über sich und andere, über Gott und die Welt. Der Krebs hat ihm die – in den meisten Menschen so hartnäckige – Illusion eines grenzenlosen Lebens geraubt. Die Trauer über seine Sterblichkeit hat einen dunklen Schatten auf ihn geworfen.

Zum *Licht* inmitten dieser Dunkelheit gehört, dass ihm etwas *gegeben* worden ist: eine neue Perspektive, das Leben zu spüren und auszukosten. Zum paradoxen Geschenk seiner Trauer gehört, dass sie ihn mit einer tiefen Dankbarkeit erfüllt für das, was ihm gegeben ist – einfach so und völlig umsonst.

In einem Text des Ordensmanns David Steindl-Rast fand der krebskranke junge Mann Worte für sein neu gewonnenes „Wissen", dass jeder Augenblick eine ungeahnte Tiefe in sich birgt. Dass jeder Ort zur Stätte der Begegnung werden kann mit göttlicher Gegenwart – vorausgesetzt, wir lassen uns aufwecken: „Sobald wir die Schuhe des Daran-gewöhnt-Seins ausziehen und zum Leben erwachen, erkennen wir: wenn nicht hier, wo sonst? Wann, wenn nicht jetzt? Jetzt, hier oder nie und nirgends stehen wir vor der letzten Wirklichkeit."

Ewig schön!

„Hilft Ihnen Ihr Glaube, gelassener mit der Sterblichkeit umzugehen?" – Wird mir diese Frage gestellt, zitiere ich öfter ein Gedicht von Rainer-Maria Rilke, das Ruhe nimmt *und* Ruhe gibt. Es drückt die bleibende Spannung aus von Einsamkeit *und* Hoffnung, von Trauer *und* Vertrauen.

„Die Blätter fallen, fallen wie von weit, als welkten in den Himmeln ferne Gärten."

Und später: „Wir alle fallen. Diese Hand da fällt. Und sieh dir andre an: es ist in allen."

Eine Wendung nimmt das Gedicht, als es den Blick auf etwas Tieferes richtet: „Und doch ist Einer, welcher dieses Fallen unendlich sanft in seinen Händen hält."

Religiöse Menschen hoffen, dass nichts und niemand ins Leere fällt, sondern gehalten und aufgehoben ist in einer größeren, umfassenderen Wirklichkeit. Diese letzte Wirklichkeit ist gemeint, wenn die Weltreligionen von Himmel, Jenseits oder ewigem Leben sprechen. In verschiedenen Bildern drückt die Bibel die Hoffnung auf Auferstehung, auf ein „Leben in Gott" aus. *Wie* diese Wirklichkeit aussieht, weiß niemand, und alle Bilder bleiben vage Versuche, diese Hoffnung auszudrücken. Doch *dass* alle Menschen in der Liebe ihren Ursprung haben und ihre ewige Heimat finden, darin kommen die biblischen Bilder überein. Und darin findet der christliche Glaube seine Mitte. Eine solche Hoffnung wirkt wie ein Licht, das hilft, durch ängstigende Dunkelheit zu gehen, und das einen neuen Morgen verspricht. Wer dieses Vertrauen in sich aufkeimen lässt, der kann gelassener ins ungesicherte Dunkel des Sterbens hineingehen.

Er wird aber nicht nur anders sterben, sondern auch anders leben. „Himmel" und „ewiges Leben" sind nämlich alles andere als rein jenseitige Wirklichkeiten! Genau darin liegt ein häufiger Kardinalfehler von Religionen: dass sie den Himmel auslagern in einen zweiten, jenseitigen Raum. Dass sie das ewige Leben vertagen in eine zweite Zeit nach dem Tod. Und dass in der Folge die Welt gottlos und Gott weltfremd wird. Kein Wunder, wenn in einer solch verzerrten Sicht religiöses Leben zu einer Art Trainingslager und Evakuierungsprogramm für die kommende Welt verkommt.

Doch „Himmel" und „ewiges Leben" bezeichnen keine zeitlichen oder örtlichen Gegebenheiten. Vielmehr ist eine qualitative Wirklichkeit gemeint, die uns *hier* und *jetzt* berühren kann. So kann etwa die Geburt eines Kindes einen den „Himmel auf Erden" erleben lassen. Wer spielend die Zeit vergisst oder sich von etwas Schönem ergreifen lässt, versteht die Rede vom „ewigen Augenblick". Es gibt ewig schöne Begegnungen, und wer sich einmal „unsterblich" verliebt hat, hat die Deadline tödlicher Ichbezogenheit überschritten und das ewige Leben schon berührt. Aber auch: Wer an den Rand seiner Kräfte gerät und dabei scheitert, entdeckt bisweilen – meist erst im Nachhinein –, dass er dadurch ein lebendigeres Leben gefunden hat.

Solche verdichteten Augenblicke werden für Glaubende seit Anbeginn der Menschheit zu einer Vorahnung von etwas Ewigem. Zu einem Versprechen einer letzten Wirklichkeit, in der sich das drängende Sehnen nach Ganz-Sein, nach Leben in Fülle, nach Heimat endgültig erfüllt.

Möglicherweise halten Sie dies angesichts all der gegenteiligen Erfahrungen für bloßes Wunschdenken. Oder Sie weisen darauf hin, wie nahe ein solcher Glaube an Sentimentalität heranrückt. Das stimmt! Aber die Angst vor Sentimentalität ist kein Grund, die Sehnsucht nach einem Leben in Fülle durchzustreichen. Die Furcht, nicht aufgeklärt zu erscheinen, ist kein Grund, sich selbst die Ahnung zu verbieten, schon jetzt an etwas Großartigem teilzuhaben. Denn: „Wenn nicht hier, wo sonst? Wann, wenn nicht jetzt? Jetzt, hier oder nie und nirgends stehen wir vor der letzten Wirklichkeit."

Schrei zum Himmel

Doch verblassen deswegen die schrecklichen Schattenseiten der Welt? Der Kosmos ist vom Chaos bedroht. Die schönsten Sterne können in schwarzen Löchern verschwinden. Alles Lebendige konnte sich nur durch milliardenfache Fehlerquoten weiterentwickeln. Und der Mensch muss nicht nur Schmerzen erleiden, sondern er leidet auch an der Frage nach dem *Warum*. – Der christliche Glaube klebt kein billiges Trostpflaster auf die großen Wunden der Welt. Vielmehr hat er den Schmerz des Lebens und die Ohnmacht des Sterbens ungeschminkt vor Augen. Ja, selbst das letzte Wort jenes Menschen, von dem die Christen glauben, dass er in tiefster Verbundenheit mit Gott gelebt hat, ist ein markerschütternder Schrei zum Himmel: „Mein Gott, warum hast du mich verlassen?", ruft Jesus in der Dunkelheit seines Sterbens (Markus 15,34).

Kehren wir noch einmal zurück zur Frage, ob der christliche Glaube hilft, gelassener mit der Sterblichkeit und mit all den Grenzerfahrungen des Lebens umzugehen. Meine Antwort lautet: *Ja* und *Nein*. Die Hoffnung auf Auferstehung bietet *keinen* Weg an, Leiden und Sterben theoretisch zu *verstehen*. Sie kann aber einen Weg eröffnen, es zu *bestehen* – und das vor allem in solidarischer Sorge um diejenigen, die um ihr Leben betrogen werden und vom Leid am meisten betroffen sind. Denn aus christlicher Perspektive ist Solidarität der menschlichste Ausdruck des Glaubens. Darauf macht Jesus mit seiner überraschenden Erzählung aufmerksam, worauf es am Lebensende ankommt: Es wird nicht gefragt, welche Glaubenssätze man im Kopf, sondern ob man für andere ein Herz hatte (vgl. Matthäus 25,31–46). Es wird nicht gefragt, zu welcher Religion oder Kultur man gehört, sondern ob man sich als Mitglied der *einen* universalen Menschheitsfamilie verstanden und entsprechend gelebt hat. Der Glaube an die Auferstehung geht mit der Weigerung einher, Leid und Unrecht als schicksalhaftes „So ist es eben und so war es immer" hinzunehmen. Er wirkt wie ein Anti-Resignativum, das vor Bequemlichkeit oder falscher Gelassenheit bewahrt.

Wenn ich dem – stets zerbrechlichen – Vertrauen in mir Gehör schenke, dass das letzte Gelingen meiner Geschichte und der

Menschheitsgeschichte in Gottes Händen liegt, dann verändert das mein Leben: Ich muss weder resigniert den Kopf in den Sand stecken, noch brauche ich verbissen oder fanatisch dafür zu kämpfen, dass diese Welt in ein Paradies verwandelt wird. (In der Regel wird durch solche Versuche anderen Menschen die Hölle heiß gemacht.) Ich kann zunehmend das mir heute Mögliche entschieden und gelassen zugleich tun. Und ich werde freier vom Stress, das Leben als letzte Gelegenheit immer mehr zu beschleunigen und auszunutzen. In einer solchen Hoffnung liegt ein befreiendes Potenzial für unsere über-beschleunigte Welt.

Sechstes Kapitel

„WAS BREMST DICH AUS?"
SICH MIT DER EIGENEN VERGANGENHEIT VERSÖHNEN

In einem fernen Land lebte einmal ein mächtiger König. Eines Tages schickte er seinen Feldherrn mit einem großen Heer los und befahl ihm: „Vernichte meine Feinde!" Gehorsam zog der Feldherr mit den Soldaten los.

Ungeduldig wartete der König auf eine Nachricht. Als nach Monaten immer noch keine Meldung kam, schickte er einen Boten an die Landesgrenze. Dieser fand dort ein großes Lager, in dem es fröhlich und heiter zuging: Die Soldaten des Königs feierten gemeinsam mit den Feinden ein großes Fest.

Da ging der Bote des Königs zum Feldherrn und stellte ihn zur Rede: „Du hast den Befehl des Königs nicht ausgeführt! Du solltest doch die Feinde des Königs vernichten! Stattdessen feierst du zusammen mit ihnen ein Fest!"

Der Feldherr erwiderte: „Du täuschst dich! Ich habe den Befehl des Königs sehr wohl befolgt. Ich habe seine Feinde vernichtet: Ich habe sie zu Freunden gemacht."

Im Lauf unserer Lebensgeschichte kann enorm viel schiefgehen: ein Verrat, der tiefe Wunden geschlagen und unser Vertrauen nachhaltig untergraben hat; wiederholte und tiefe Enttäuschungen, Machtmissbrauch, eine ausbleibende Beförderung, Kündigung, Scheidung, unerwiderte Liebe… Dazu kommen peinliche Fehlentscheidungen, die uns heute noch erröten lassen; Fehler mit fürchterlichen Folgen; Unfälle, die wir verursacht haben; Schuld, die wir uns selbst nicht verzeihen können…

Es gibt offensichtlich genügend Stoff, um mit der eigenen Vergangenheit im Streit zu liegen! Die entscheidende Frage lautet: Kennen wir auch eine Versöhnungskultur mit uns und den schmerzlichen Kapiteln unserer Lebensgeschichte?

Dies ist von größter Bedeutung. Denn wir können unsere Vergangenheit nicht ablegen wie ein Kleidungsstück. Vielmehr hat sich die Vergangenheit in uns eingewoben. Unser aktuelles Lebensgefühl wird durch unsere früheren Erfahrungen entscheidend mitgeprägt. Daher spielt es für unser Hier und Jetzt eine entscheidende Rolle, *wie* wir auf unsere Vergangenheit blicken. *Wie* wir mit den schweren Steinen in unserem biografischen Rucksack umgehen.

Konkret gefragt: Wie beurteile ich die Erfahrungen heute? Wie bewerte ich sie? Welchen Platz weise ich ihnen in meinem Leben zu? Ja, gebe ich ihnen überhaupt einen Platz oder verdränge ich sie lieber?

Liegen wir dauerhaft im Streit mit dunklen Kapiteln unserer Lebensgeschichte, sind wir uns selbst feind. Eine solche Einstellung raubt immens viel Kraft, Lebensfreude und Liebesfähigkeit. Wenn wir jedoch zu einem Einverständnis mit dem Geschehenen finden, dann heilen alte Wunden. Natürlich bleibt das Geschehene Teil unseres Lebens, aber es blockiert uns nicht mehr. Es stürzt uns nicht mehr in Angst oder Zorn, in Selbstverachtung oder Scham. Alles „hätte", „müsste" oder „sollte" ist verklungen.

Darin liegt das Geschenk der inneren Aussöhnung: Wir reichen den „Feinden in uns" die Hand und können mit den schmerzhaften

Kapiteln unserer Geschichte frei von Hader und im Frieden leben. Und oft erweisen sich sogar die „Feinde in uns" als Freunde, als Quelle ungeahnter Kraft und unverhoffter Freude.

Der Weg zu diesem Friedensschluss bedeutet natürlich auch Anstrengung und Kampf. Oder mit dem Buchtitel gesagt: *Freunde fürs Leben* kämpfen – und zwar nicht *obwohl*, sondern *weil* sie Freunde fürs Leben sein wollen. Sie ringen nicht gegeneinander, sondern miteinander um ihre Beziehung. Um ein Leben in Freundschaft. Dies gilt auch für die Kunst, mit sich und der eigenen Vergangenheit Freundschaft zu schließen.

1. Die Kraft des Vergebens

Wer nachträgt, trägt schwer

„Mein Vater hat uns einfach so verlassen: mich, meine Mutter und meine Schwester. Ganz beiläufig, als ob nichts dabei wäre. Und sich dann alle Jubeljahre mal gemeldet. Wir waren ihm egal. Ich hasse ihn!" Mit bebender Stimme spuckt der Mittfünfziger, der mir gegenübersitzt, diese Worte aus. Dann sackt er in sich zusammen. Der Mann hatte um ein Gespräch gebeten, weil er sich vorkam, als ob er durch Klebstoff wate, so zog ihn seine Kindheitsgeschichte runter. Und weil er spürte, dass sein Alkoholkonsum ihn gefährdete: Er trank, um sich zu betäuben und seine Verbitterung kurzzeitig zu vergessen.

Niemand kommt unverletzt durchs Leben. Und manche dieser Wunden schneiden tief ins Fleisch – vor allem dann, wenn wir durch einen nahestehenden Menschen verletzt werden. Oder wenn wir die Verletzungen in der Kindheit erlitten haben, in der wir Attacken besonders wehrlos ausgeliefert sind. Während wir mit leichten Blessuren meist recht gut fertig werden, lassen sich schwere Kränkungen nicht einfach wegstecken. Wohin denn auch?! Wohlmeinende Hinweise von Freunden wie: „Komm, vergiss es! Die Sache ist doch schon so lange her" oder Parolen wie: „Lamentier nicht herum, sei kein Weichei, sondern beiß die Zähne zusammen!" lassen einen eher ratlos zurück. Denn wie soll das gehen?

Werfen wir einen Blick auf den Mann, der sich voll Bitterkeit an seine Kindheit erinnert. „Hätte mein Vater uns damals nicht verlassen, könnte ich mich heute am Leben freuen", mutmaßt er und fühlt sich von seiner Vergangenheit für immer betrogen. Wie ein Mantra wiederholt er im Gespräch: „Das verzeih ich meinem Vater nie!" Ein folgenschwerer Satz – und zwar vor allem für ihn selbst. Denn weil er nicht vergeben kann oder will, hält er die Gedanken an das Erlittene wach. Wie in einer Endlosschleife erlebt er die weit zurückliegenden Enttäuschungen und Verletzungen ständig neu. Er meint, dass er es seiner Selbstachtung schulde, den Zorn auf seinen Vater aufrecht zu halten, und erzählt voller Hass über ihn. In Wahrheit aber vergiftet er durch seinen Hass vor allem sein eigenes Leben – zumal sein Vater bereits vor zwölf Jahren verstorben ist…

Für den Mann bedeutet es einen gehörigen Schock, als er im Lauf der Zeit erkennt: „Ich bleibe so lange an meine Vergangenheit gekettet und Opfer meines Vaters, wie ich an meinem Hass festhalte. Denn Hass bindet mich genauso sehr wie Liebe, bloß unter negativem Vorzeichen." Zweifelsohne ein schmerzhafter, aber auch ein heilsamer Schock für den Sohn, dies zu erkennen. Denn ihm geht auf, dass seine Unversöhnlichkeit und sein Selbstmitleid den Wänden einer Kerkerzelle gleichen, in die er sich selbst einschließt. Und diese Erfahrung wird für ihn zu einer Schlüsselerfahrung. Er gelangt zu der ermutigenden Einsicht: „Ich selbst habe den Schlüssel in der Hand, um mir einen Weg aus dem Gefängnis meiner Bitterkeit und Selbstverachtung zu bahnen."

Möglicherweise kennen auch Sie aus eigener Anschauung, dass nicht jedes Gefängnis Gitterstäbe aufweist, sondern dass uns auch Groll, Angst oder Ohnmacht gefangen nehmen können. Das fühlt sich vielleicht folgendermaßen an: Von einem Vorkommnis tief gekränkt werden Sie die Erinnerung an das einschneidende Geschehen einfach nicht los, sondern spielen es gedanklich wieder und wieder durch. Die vorwurfsvollen inneren Streitgespräche „Wie konntest du mir das antun?" beginnen stets von vorn: ob morgens beim Aufwachen, beim Einkauf oder auf dem Weg zur Arbeit – und all dies in der Hoffnung, dadurch etwas zu lösen. Doch meist tritt der gegenteilige Effekt ein: Durch das Wiederkäuen nähren wir unsere Ressentiments. Indem wir ständig um die Verletzung kreisen, rückt sie in den Mittelpunkt unseres Lebens. Zerfließen wir vor Selbstmitleid, dann verstärken wir Hassgefühl und Rachefantasien. Vor allem aber: Wenn wir auf Dauer im Groll verharren, verheddern wir uns darin und setzen uns selbst gefangen. Denn durch unsere Unversöhnlichkeit, mit der wir den anderen bestrafen wollen, treffen wir zuallererst uns selbst. Unsere eigene Lebendigkeit leidet, während der Mensch, der uns verletzt hat, die Sache unter Umständen schon längst vergessen hat… Oder bereits vor vielen Jahren verstorben ist…

Solange wir jemandem eine Verletzung nachtragen, sind also vor allem *wir* es, die schwer daran tragen: *Wir* leben mit der blockierenden Last der vergifteten Gefühle und Erinnerungen. Und es wächst die Gefahr, dass wir den unverarbeiteten Schmerz bewusst oder unbewusst auf aktuelle Beziehungen übertragen und so neues Leid erzeugen. Je mehr Aspekte unserer Vergangenheit wir ablehnen, umso stärker leben wir im Zwist mit uns selbst – und meist auch mit anderen.

Realistisch betrachtet gibt es eine gute und eine schlechte Nachricht. Die schlechte: Tagtäglich kann es passieren, dass Sie – bewusst oder unbewusst – andere kränken und dass Sie durch andere gekränkt oder auch tiefgehend verwundet werden. Die gute Nachricht: Sie sind diesen erlittenen Kränkungen nicht hilflos ausgeliefert. Es ist nämlich ein Irrglaube zu meinen, dass unglückliche Ereignisse uns heillos in unserer Geschichte gefangen halten. Mit solchen zur Gewohnheit gewordenen, aber falschen Glaubenssätzen halten wir uns unbemerkt in einem Dauerschmerz und bremsen uns selbst aus. Doch wir können einen Weg beschreiten, um alte Verletzungen, zerbrochene Beziehungen oder verlorene Hoffnungen loszulassen und so Raum zu schaffen für Neues. Menschen wie Bischof Desmond Tutu oder Dorothy Day geben davon eindrücklich Zeugnis. Oder auch Gisela Mayer, deren Tochter beim Amoklauf des 17-jährigen Tim Kretschmer in der Realschule in Winnenden 2009 ihr Leben verlor. Mit ihrer Tochter ist für sie eine ganze Welt gestorben. Heute, nach Jahren der Dunkelheit, hat sich ihr Blick auf den Todesschützen verändert, der so fürchterliches Leid über ihr Leben gebracht hat. Sie kann seine Verzweiflung und Not erahnen und Mitleid für ihn empfinden. Und sie hat eine „Stiftung gegen Gewalt an Schulen" initiiert, um den Blick für junge Menschen zu schärfen, die in Gefahr stehen, aus Beziehungen herauszufallen und in Gewaltfantasien abzurutschen.

Doch wie geht das: Auf welche Weise können wir uns mit verletzenden Ereignissen auseinandersetzen, sodass sie uns nicht auf Dauer beeinträchtigen? Wie verwandeln sich Wunden möglicherweise sogar in neue Lebensmöglichkeiten?

Sich von der Macht der Kränkung befreien

Ich bin davon überzeugt, dass der Weg der inneren Aussöhnung zu einer neuen Lebendigkeit führt. Dass der Weg des Vergebens heilende Kräfte freisetzt. Denn wer zu verzeihen lernt, befreit sich schrittweise von dem, was ihm angetan wurde. Wer vergibt, wird frei(er) von der schmerzhaften Vergangenheit, die sich von hinten an ihn krallt. Und kann von Neuem vorwärts leben.

Im Folgenden nenne ich fünf Aspekte, die auf dem Weg der inneren Aussöhnung wichtig sind. Sie werden auch wieder auf Fragen zur Selbstreflexion treffen. Diese geben Ihnen die Möglichkeit, sich das Gelesene für Ihre Situation – für Ihre schweren Steine im biografischen Rucksack, für „Ihr Thema" – persönlich zu erschließen.

1. Gehen Sie zurück auf Los

Werden wir durch jemanden tief verletzt, dann wird unser Inneres mit einem Schlag durcheinandergewirbelt. Wellen von Wut rollen über uns hinweg. Wogen von Angst türmen sich auf. Scham und vielleicht auch das fürchterliche Gefühl von Ohnmacht schwappen hoch. Und manchmal meinen wir, in unserem Schmerz unterzugehen. Weil diese Empfindungen äußerst peinigen, liegt es nahe, sie zu verdrängen oder zu vergessen. Aber wenn wir eine Verletzung überspielen, sind wir sie noch lange nicht los. Im Gegenteil: Unbearbeiteter Schmerz kann uns bitter werden lassen. Darüber hinaus schränkt er die persönliche Handlungsfreiheit ein, denn Empfindungen, die nicht in der Helle des Bewusstseins gelebt werden, führen häufig ein einflussreiches Schattenregiment.

Wenn Sie sich auf den Weg des Vergebens machen wollen, gilt daher wie beim Monopoly-Spiel: Gehen Sie zurück auf Los! Denn den Ausgangspunkt des Weges bildet immer die Verletzung selbst. Es ist gut möglich, dass diese innere Reise in Ihnen Unbehagen oder

Widerstand weckt. Denn wer geht schon gern in die verletzende Situation zurück, um sie emotional nachzuerleben? Wenn Sie sich bewusst erinnern, was damals passiert ist, merken Sie möglicherweise erst, wie demütigend oder link Sie behandelt worden sind oder wie sehr Sie ein böses Wort getroffen hat. Erst jetzt spüren Sie vielleicht den bohrenden Schmerz… Oder Ihre zerstörerische Wut… Oder Sie stoßen auf Rachefantasien, in denen Sie sich genüsslich den Triumph ausmalen, wenn Sie es der anderen Person doppelt und dreifach heimzahlen…

In großer Klarheit gilt es, sich den dunklen Gefühlen und finsteren Gedanken zuzuwenden. Denn auch die weniger schönen Gefühle gehören zu einem genauso wie Kurzsichtigkeit, Haarausfall oder X-Beine. Alles gehört auf den Tisch. So wie körperliche Wunden nur heilen können, wenn Luft an sie kommt, so heilen auch seelische Verletzungen nur, wenn sie ans Licht kommen dürfen. Manche empfinden es in diesem Zusammenhang als hilfreich, sich in einem Brief – den sie nicht abschicken – vieles von der Seele zu schreiben. Wie sie die Situation damals erlebt haben und was sie jetzt im Augenblick bewegt.

Für den verbitterten Mann, von dem ich berichtet habe, wirkte das Schreiben mehrerer Briefe wie ein Befreiungsschlag. Er fand aus seiner Sprachlosigkeit heraus. Konnte ungebremst fluchen, weinen, schimpfen, lachen und alles „herausschreiben". Er begegnete sich selbst und kam in Kontakt mit bislang ungeahnten Gefühlen – für ihn eine riskante Expedition in gänzlich unbekannte Gebiete. So fand er schreibend zum ersten Mal Bilder und Worte für das Ohnmachtsgefühl und die quälende Einsamkeit seiner Kindheit. Vor allem aber für seine tief sitzende, gefühlte Überzeugung, wertlos zu sein, lediglich eine „bloße Fußnote der Evolution". Und ihm kam der Verdacht, dass er mit seinem Alkoholkonsum sich selbst zeigen wollte, dass er nichts wert sei. Dass er gleichgültig damit spielte, von der Bildfläche zu verschwinden …

Spätestens an diesem Punkt wird deutlich, dass der Prozess des Vergebens unsere besten Kräfte herausfordert: Mut, Ehrlichkeit, Entschiedenheit und einen langen Atem. Und eine gewisse Strenge gegen sich selbst, wenn es darum geht, sich nicht in Selbstmitleid einzurichten und hingebungsvoll die eigenen Wunden zu lecken. Es ist leider so: Ins eigene Herz zu schauen fällt manchmal äußerst schwer. Und doch lebt wohl in uns allen die Ahnung, wie hilfreich und wichtig es ist, wenn das, was in unserem Herzen lebt, auch da sein darf. Denn alles, was wir in uns wahrgenommen und angenommen haben, kann sich in neue Lebensmöglichkeiten wandeln.

2. Perspektivenwechsel

Ein weiterer wichtiger Schritt auf dem Weg zum Verzeihen liegt darin, sich um eine realistischere Sicht des Geschehens zu bemühen. Denn gekränkt neigen Menschen oft dazu, dem anderen die alleinige Schuld und Verantwortung in die Schuhe zu schieben. Ein solcher Scheuklappen-Blick bringt den Vorteil mit sich, dass man umso weniger unter den eigenen Fehlern leidet, je mehr man die Fehler der anderen im Fokus hat. Doch eine solch verzerrte Perspektive verhindert echte innere Aussöhnung. Wer hingegen die Hintergründe eines Konflikts ausleuchtet, der beginnt das, was vorgefallen ist, besser zu verstehen. Und in der Folge ermöglicht die differenzierte Sicht, die erlittene Kränkung gedanklich (leichter) zu verarbeiten.

Wenn Sie gekränkt sind, können Sie sich folgende Frage stellen: Habe ich vielleicht zu hohe Erwartungen an die andere Person gehegt und dadurch die Ent-täuschung vorprogrammiert? Habe ich meine Grenzen nicht klar oder rechtzeitig aufgezeigt und dadurch zu der verletzenden Grenzüberschreitung beigetragen? Oder habe ich möglicherweise meine Bedürfnisse zu lange heruntergeschluckt oder gehofft, dass der andere mir meine geheimsten Wünsche von den Augen ablesen wird?

Vielleicht wundern Sie sich aber auch über sich selbst und fragen sich befremdet, warum Sie über die Maßen empfindlich reagieren. Wenn Sie einer solchen Kränkung auf den Grund gehen, tritt oft zutage: Dass ich derart stark getroffen bin, liegt daran, dass der andere mich an einem wunden Punkt getroffen hat. An einer alten Wunde, die dadurch wieder zu bluten begonnen hat.

In der Folge steht dann natürlich zur Debatte, ob es angemessen und fair ist, dem konkreten Gegenüber sein Verhalten so übel zu nehmen. Oder ob er oder sie Ihren ganzen Ärger zu spüren bekommt, obwohl dieser zum Großteil eigentlich jemand anderem gilt.

Die eigenen Anteile am Kränkungskonflikt zu erkennen und anzuerkennen, fällt oft nicht leicht. Es gibt eine hartnäckige Rechthaberei, die nichts mehr scheut als das Eingeständnis – und sei es auch nur vor sich selbst –, bei dem verletzenden Eklat mitgemischt zu haben. Doch wenn wir die Verantwortung für unseren Anteil am Geschehen übernehmen, erleben wir uns nicht länger als ohnmächtig und ausgeliefert. Wir steigen aus der Opferrolle aus, in der wir als Schicksal beweinen, was sich auch als ein Mangel an Selbstverantwortung beklagen lässt. So öffnen wir uns die Tür zu neuen Freiheits- und Handlungsspielräumen.

Wenn Sie Ihre eigene Rolle in einem Kränkungskonflikt betrachten, tragen Sie dem Rechnung, dass zu einem verletzenden Vorfall normalerweise beide Seiten beitragen. Aber zweifelsohne gibt es Übergriffe, für die Täter oder Täterinnen die alleinige Verantwortung tragen. Für Betroffene von Sexual- oder Gewaltdelikten liegt ein wesentlicher Schritt der Aufarbeitung darin, klar zu erkennen, dass sie selbst keine Schuldanteile haben, und dies auch unmissverständlich deutlich zu machen.

Um eine Kränkung gedanklich zu verarbeiten, braucht es aber nicht nur eine realistische(re) Sicht von sich selbst, sondern auch vom *Gegenüber*. Denn wer sich tief verletzt fühlt, zeichnet oft ein sehr einseitiges Bild der anderen Person. Mit einem Schlag werden alle guten Erfahrungen mit ihr durchgestrichen und alles, was bislang so liebenswert war, scheint wie ausradiert oder belanglos. Dieser Umschwung geht oft damit einher, dass wir, von Kränkungsgefühlen gepeinigt, zu einem gedanklichen Kurzschluss neigen: Wir reduzieren den Übeltäter auf seine Tat und lassen jenseits dessen nichts mehr gelten. Wir verurteilen ihn oder sie in Bausch und Bogen.

Es ist offensichtlich: Der Vergebung können wir uns nur nähern, wenn wir diesem Tunnelblick bewusst entgegensteuern und versuchen, die Hintergründe für das kränkende Auftreten unseres Gegenübers besser kennenzulernen. Denn je mehr wir die Umstände und Motive verstehen, die zu dessen verletzendem Verhalten geführt haben, umso eher werden wir einen Funken von Verständnis in uns entfachen. Versuchen Sie daher, den anderen vor dem Hintergrund seiner Lebensgeschichte wahrzunehmen. Berücksichtigen Sie seinen Charakter. Und nehmen Sie schließlich seine Lebenssituation in Blick, als er Ihnen Leid zufügte. Stand er vielleicht beruflich unter großem Druck? Oder familiär? Möglicherweise schlagen sich in seinem Verhalten auch alte Wunden nieder, die andere oder Sie ihm zugefügt haben …

Worin liegt die Chance, wenn Sie die Sichtweise dessen einnehmen, der Sie gekränkt hat? Wenn Sie die Situation mit seinen Augen betrachten, kann *Empathie* in Ihnen aufkeimen. Sie können sich in ihn einfühlen und verstehen so vielleicht – zumindest in

Ansätzen – seine Perspektive und sein Handeln. In einer solchen Haltung liegt ein zentraler Schlüssel, um das Tor zur Vergebung aufzuschließen: „Ach, so ist es dir ergangen… Das hat dich also dazu gebracht, dich so zu verhalten." Ihr Blick auf den Übeltäter wird verständnisvoller, und Sie finden die eine oder andere Antwort auf die Frage, die uns häufig am meisten quält: auf die Frage nach dem *Warum*. Vielleicht geht Ihnen sogar durch den Kopf: „Wahrscheinlich hätte ich genauso gehandelt, wäre ich in der Situation gewesen."

Wenn Ihnen ein derartiger Perspektivenwechsel gelingt, dann klingen Empfindungen wie Groll, Verachtung oder Angst langsam ab. Möglicherweise spüren Sie auch Wohlwollen, Mitgefühl oder andere warmherzige Reaktionen, und Sie werden eher bereit, die Sache „gut sein" zu lassen.

Um Missverständnisse zu vermeiden, möchte ich an dieser Stelle deutlich betonen: Wenn Sie die Beweggründe des anderen nachvollziehen können, bedeutet das nicht, dass Sie diese automatisch rechtfertigen oder gutheißen. Und ebenso wenig, dass Sie das verletzende Verhalten billigen oder duldend hinnehmen. Vergeben ändert nichts daran, dass Unrecht Unrecht bleibt und dass es – möglicherweise auch vor Gericht – beim Namen genannt werden muss!

Nichts führt mehr in die Irre als die Vorstellung, Verzeihen bedeute, auf Gerechtigkeit zu verzichten. Wäre dies der Fall, träfe die Mutmaßung Bernard Shaws zu, dass Vergebung eine „Zuflucht der Halunken" sei, indem sie die Übeltäter ermutigt, Schlimmes zu tun, weil man anschließend auf Vergebung hoffen kann. Andere denken, verzeihen sei eine Sache von Schwächlingen, die nicht den Mut haben, für sich einzustehen. Doch ganz im Gegenteil: Es erfordert eine ganze Menge an Stärke und Courage, eine Kränkung aufrichtigen Herzens loszulassen und sich auf diese Weise davon frei(er) zu machen.

3. Zurück in die Gegenwart

Eine Kette, die uns an die Vergangenheit schmiedet, ist die Frage nach dem *Warum*: „Warum musste mir das zustoßen? Warum hat der andere mir so übel mitgespielt? Warum mutet das Leben mir das alles zu? Ist das noch fair?"

Im Nachdenken und im Gespräch über den kränkenden Vorfall werden wir zu der einen oder anderen Antwort finden, doch tückischerweise bleibt meistens vieles offen. Und je globaler die Frage, die im Raum steht, umso mehr. Auf viele Warum-Fragen gibt es keine Darum-Antworten.

Wer bei der Warum-Frage stehen bleibt, lebt rückwärtsgewandt und sucht dort nach den Gründen seines Elends. Eine solche Haltung führt zum tödlichen Stillstand. Die biblische Erzählung von Lots Frau drückt dies mit einem Bild aus: Lots Frau dreht sich um und blickt zurück auf die dem Untergang geweihte Stadt, aus der sie geflohen ist. In diesem Augenblick erstarrt sie zu einer Salzsäule (vgl. Genesis 19,26). Wer sich von dem, was hinter ihm liegt, nicht abwenden kann, sondern davon wie gebannt bleibt, erstarrt. Ein rückwärtsgerichteter Blick ist blind für die Chancen der Gegenwart. Und wer keine neuen Interessen und Ziele entwickeln kann, verstellt sich seine Zukunft. Denn die Zukunft lockt nicht im Rückspiegel, sondern von vorn.

Sind wir gekränkt, bewegen wir uns – auf lange Sicht gesehen – also nur dann weiter, wenn wir die Blickrichtung ändern: weg vom *Warum* hin zum *Wozu*. Wenn wir nach vorne schauen und uns fragen: „Wozu fordert mich diese Situation heraus? War diese ganze Geschichte möglicherweise auch für etwas gut? Oder kann ich mir zumindest vorstellen, dass ich ihr eines Tages auch etwas Gutes abgewinnen werde?" Stellen wir uns solche(n) Fragen, dann machen wir eine befreiende Kehrtwende. Es eröffnen sich neue, heilende Perspektiven.

In der Begleitung von Menschen habe ich immer wieder erfahren: Es wirkt unglaublich befreiend und stärkend, wenn jemand – nach oft sehr schmerzhaften Prozessen – ahnt, dass er durch den Kränkungskonflikt und den erlittenen Verlust auch etwas gewonnen hat. Das kann sich in Einsichten äußern wie: „Der Liebeskummer hat mich auf mich selbst zurückgeworfen. Ich bin nun weniger abhängig von der Liebe anderer und mehr bei mir selbst zu Hause." Oder: „Durch den Streit ums Erbe haben wir gelernt, mit Konflikten umzugehen und Absprachen zu treffen, mit denen jeder gut zurechtkommen kann. Und ich habe gespürt, wie viel mir meine Familie bedeutet."

Was bedeuten diese Überlegungen für Ihren Weg der inneren Aussöhnung? Und damit für Ihre Freundschaft mit sich selbst? – Es ist unmöglich, eine erlittene Verletzung ungeschehen zu machen, so sehr Sie sich dies auch wünschen. Der Zeitpfeil ist unumkehrbar! Doch was Sie tun können, ist, eine andere Einstellung gegenüber dem Geschehen einzunehmen. Zu versuchen, die belastende biografische Situation aus einem neuen Blickwinkel zu betrachten, indem Sie das aus ihr Gelernte wahrnehmen und wertschätzen. Wenn Sie sich auf diese Perspektive einlassen, dann wandelt sich Ihr Blick auf das Zerbrochene und Verlorene. Sie geben sich und dem Leben die Chance, auch dem Negativen noch etwas Positives abzugewinnen.

Ebenso kann es zu einer befreienden Wende führen, wenn Sie bewusst Ihren Blick auf Ihre Gegenwart und Zukunft richten und sich fragen: Wie will ich auf diese negative Erfahrung antworten? Was ist mir jetzt wichtig? – Sie selbst tragen wesentlich dazu bei, welche Rolle die Verletzung in Ihrem Leben einnimmt: ob Sie die Kränkung als Anlass nehmen für Ressentiments, Rache oder Resignation. Oder ob Sie in ihr den Aufruf vernehmen, sich auf einen Weg der Heilung und Befreiung zu begeben. Dann sind Sie auf dem besten Weg zur Freundschaft mit sich selbst!

4. Eine Unabhängigkeitserklärung

Vielleicht fragen Sie sich an dieser Stelle: Ist ja alles gut und schön, aber was geschieht eigentlich, wenn ich dem anderen verzeihe? Denn all die beschriebenen Schritte führen ja nicht automatisch zur inneren Aussöhnung.

Das stimmt! Vielmehr stehen Sie auf dem Weg zum Vergeben irgendwann vor der Entscheidung: Will ich der anderen Person weiterhin ihr verletzendes Verhalten nachtragen oder will ich ihr die Vergangenheit nicht mehr in Rechnung stellen?

Wenn wir verzeihen, geben wir den Schuldschein aus der Hand, den wir dem anderen gegenüber noch offen haben. Wir schließen einen inneren Friedensvertrag mit unserer Vergangenheit. Anders gesagt: Wenn wir vergeben, heißt das nicht mehr und nicht weniger, als dass wir die Hoffnung auf eine bessere Vergangenheit aufgeben. Die rückwärtsgewandte Hoffnung ist zwar ein absurdes und Energie raubendes Unterfangen, aber dennoch weit verbreitet. Gelingt es uns, dass wir uns mit dem Erlittenen aussöhnen, dann nehmen wir der anderen Person die Macht, die sie ansonsten immer noch über uns ausübt, indem der Gedanke an sie uns etwa mit Hass- oder Ohnmachtsgefühlen erfüllt.

Vergebung gleicht einer inneren Unabhängigkeitserklärung, durch die wir unser Leben neu in die Hand nehmen. Wir eröffnen eine Zukunft, die nicht mehr unter dem Diktat des Früheren steht.

Der Wunsch und die Kraft zu verzeihen lassen sich stärken durch einen ehrlichen Blick auf die eigene Biografie. „Wer von euch ohne Schuld ist, werfe den ersten Stein", provoziert Jesus die Pharisäer, die daraufhin schweigend abziehen. Jede und jeder handelt im Lauf des Lebens auf die eine oder andere Art böswillig, herablassend, unfair, gemein … Und jeder Mensch macht die Erfahrung, dass er oft nicht die volle Kontrolle über das hat, was er tut, sondern auch aus Unreife, Furcht, Gedankenlosigkeit oder irrationalen Impulsen heraus handelt. Wenn uns diese Einsicht wirklich zu Herzen geht, erliegen wir nicht so leicht der Gefahr, in Selbstgerechtigkeit abzugleiten und andere für das, was sie getan haben, hart zu verurteilen. Wir erkennen an, dass wir Teil der *einen* Menschheitsfamilie sind – zu der eben auch der verhasste oder verachtete Konfliktpartner gehört.

Schließlich können auch symbolische Handlungen und Vergebungsrituale dazu beitragen, Bitterkeit oder Angst abklingen zu lassen und zu neuen, positiven Haltungen zu finden: Da verbrennt jemand den Brief, der ihn so verletzt hat. Oder bringt einem Verstorbenen, mit dem er oder sie sich innerlich aussöhnen will, eine Blume ans Grab …

Es zeigt sich: Der Weg des Vergebens beansprucht Zeit und nimmt ganzheitlich in Anspruch. All unsere Kräfte, unser Fühlen und Denken, unser Wollen und Handeln sind gefragt. Es wäre jedoch falsch anzunehmen, dass es allein auf unsere Aktivität ankommt. Ebenso wichtig ist die Bereitschaft, Vergebung einfach geschehen zu lassen. Ich bin davon überzeugt: Wirklich von Herzen verzeihen zu können, entzieht sich trotz allem Engagement immer auch der eigenen Verfügungsmacht.

5. Das Geschenk der Vergebung

Oft wird mir als Christin und Ordensfrau die Frage gestellt: Brauche ich ein spirituelles Fundament, um verzeihen zu können? Oder ist Vergeben-Können eine Leistung, die ich mir erarbeite – und dies möglicherweise auch mithilfe von Coaching, Seelsorge oder Therapie?

Zweifelsohne, Vergeben fällt einem nicht in den Schoß, sondern es braucht das geduldige Arbeiten an Erinnerungen, Gefühlen und Einstellungen. Doch ich kenne niemanden, der oder die sich mit den Worten: „Ich verdanke es allein meiner eigenen Kraft, dass ich verzeihen konnte" selbstzufrieden auf die Schulter klopft.

Insbesondere wem es gelingt, Schreckliches zu verzeihen, erlebt dies im Tiefsten auch als ein Geschenk. Als einen Augenblick, in dem er oder sie sich mit einer größeren und umfassenden Barmherzigkeit verbunden erfährt.

Darin liegt eine wichtige spirituelle Erfahrung: dass ich aus *mehr* lebe als aus der Kraft des eigenen Ich, als aus meinem Können und Tun. Dass ich aus einer Quelle schöpfe, die den Tiefen meiner Seele entspringt *und* die mir zugleich geschenkt wird. Dass ich aufgehoben bin in einem größeren und tieferen Zusammenhang – ein Zusammenhang, der eine Verbundenheit schafft mit allem und allen. Ein Zusammenhang, der Liebe heißt.

In der Begleitung von Menschen, aber auch im eigenen Leben erfahre ich immer wieder, wie wegweisend und heilend Gebet und Meditation im Prozess des Vergebens wirken können. Insbesondere die Gewaltlosigkeit Jesu hat zahlreiche Frauen und Männer über verschiedenste Weltanschauungsgrenzen hinweg inspiriert. Niemand hat in so radikaler Form auf die Notwendigkeit hingewiesen, eine Bereitschaft zur Vergebung zu entwickeln wie Jesus. Immer wieder fordert er auf, dem Mitmenschen gütig seine Schuld zu erlassen, die alten Reaktionsmuster von Verletzung und Gegengewalt hinter sich zu lassen und so aus der Eskalationsspirale auszusteigen. Denn nur dann hat der Friede eine echte Chance.

Die unbedingte Bereitschaft zu Vergebung und Frieden durchdringt das Leben und Sterben Jesu bis in die letzten Poren. In zahlreichen Konflikten, von denen die Geschichten der Bibel erzählen, hebt er die Logik von oben und unten, von Sieger und Besiegtem auf. Als es ihm selbst an den Kragen geht, hält er die Wucht des Schlages aus, ohne an einen Gegenschlag zu denken. Er stellt sich der Gewalt entgegen, ohne im Gegenzug nach Mitteln der Gewalt zu greifen.

Diese erstaunliche Souveränität und Freiheit Jesu gründet in seiner Gottverbundenheit: Jesus weiß sich grenzenlos angenommen und geliebt. Und nichts kann so sehr heilen, verwandeln und zum Frieden befähigen wie die Erfahrung echter Liebe. Derart in der Liebe verankert, wird Jesus von den gegnerischen Attacken im Letzten nicht umgeworfen. Er lässt sich nicht in die Spirale des Hasses hineinziehen, sondern bleibt der Achtung, die er gegenüber allen Menschen gepredigt hat, treu bis zuletzt. Damit eröffnet er einen Weg, der aus der Endlosschleife von Gewalt und Gegengewalt herausführt und eine neue, bessere Zukunft eröffnet.

Im vergangenen Jahr habe ich dies ganz konkret an Weihnachten erlebt: Wir haben in unserer kleinen Ordensgemeinschaft gemeinsam mit einer syrischen Flüchtlingsfamilie und einer Iranerin, die alle bei uns wohnen, gefeiert. Der bunten Schar entsprechend wurde die Geschichte von der Geburt Jesu, die mit dem Friedenswunsch für alle Menschen einhergeht, auf Arabisch, Persisch und Deutsch vorgelesen. Der junge Syrer, der bereits vor einigen Jahren aus seinem Land geflohen ist, weil er ansonsten entweder für Assad oder die Rebellen hätte kämpfen müssen, und dessen Heimatstadt Aleppo zunehmend in Grund und Boden gebombt wird, wünschte mir mit folgenden Worten ein frohes Weihnachtsfest: „Ich wünsche dir, deiner Familie und deinen Freunden, ich wünsche denen, mit denen du dich schwertust, ja, ich wünsche deinen Feinden den Segen Gottes." Sprachlos schaute ich ihn an. Schlicht deutete er auf die Bibel, die er in Händen hielt: „Aber darum geht es doch. Anders wird kein Friede werden." – Das war die entwaffnendste, überzeugendste und herausforderndste Weihnachtspredigt, die ich je gehört habe!

Menschen, die sich der Liebe anvertrauen, können Großes bewirken. In lyrischer Schönheit drückt Hilde Domin aus, dass – allen Widrigkeiten und Vergeblichkeitserfahrungen zum Trotz – Liebe und Zuneigung Beziehungswunden heilen lassen. Ihre Worte wirken wie ein Hoffnungsanker.

> *Keine Katze mit sieben Leben,*
> *keine Eidechse und kein Seestern,*
> *denen das verlorene Glied*
> *nachwächst,*
> *kein zerschnittener Wurm*
> *ist so zäh wie der Mensch,*
> *den man in die Sonne*
> *von Liebe und Hoffnung legt.*
> *Mit den Brandmalen auf seinem Körper*
> *und den Narben der Wunden*
> *verblaßt ihm die Angst.*
> *Sein entlaubter*
> *Freudenbaum*
> *treibt neue Knospen,*
> *selbst die Rinde des Vertrauens*
> *wächst langsam nach.*

> *Hilde Domin*

2. Leben mit eigener Schuld

Ein Freund führt mir ruhig und wohlwollend, aber auch sehr deutlich vor Augen, wie kleinkariert und ungerecht ich mich einer gemeinsamen Bekannten gegenüber verhalten habe. Schluck!… Ich versuche mich zu rechtfertigen: „Das war doch, weil…" Etwas später gehe ich zum Angriff über: „Du hättest ja auch mal was sagen können in der Situation!" Rückblickend gestehe ich schließlich ein, dass mein Verhalten nicht okay gewesen ist. Dass ich hätte fairer handeln können. Und ich frage mich, wie ich der Bekannten mein Bedauern ausdrücken und die Sache wieder geraderücken kann.

Das Gespräch mit dem Freund war weder für ihn noch für mich angenehm! Doch mit einem gewissen Abstand konnte ich erkennen, dass es sich um einen mutigen und echten *Freundschaftsdienst* gehandelt hatte. Andere hätten in dieser Situation ihren Mund gehalten. Sei es aus scheinbarer Gutmütigkeit – doch hinter einer solchen Gutmütigkeit steht oft weniger Mut als vielmehr Konfliktangst oder Harmoniesucht. Oder weil sie davor zurückscheuen, mich zu verletzen. Aber manche Wahrheit tut eben weh, etwa wenn man auf ein Fehlverhalten aufmerksam gemacht und das idealisierte Selbstbild infrage gestellt wird. Wachsen – ob in Selbsteinsicht oder Beziehungsfähigkeit – geht nun mal mit Wachstumsschmerzen einher.

Auf den Umgang mit sich selbst übertragen, bedeutet dies: Wir leisten uns selbst und anderen einen Bärendienst, wenn wir auf Dauer unser Fehlverhalten ausblenden oder eigene Schuld beschwichtigend kleinreden. Einen Freundschaftsdienst hingegen erweisen wir uns und in der Folge auch anderen, wenn wir den Mut haben, uns auch diesen dunklen Kapiteln unseres Lebens zu stellen.

Ich doch nicht!

Immer wieder höre ich die Klage, dass Menschen unter Mobbing leiden. Doch bislang hat noch niemand beklagt, dass er oder sie den Fehler gemacht habe, selbst jemanden zu mobben. Interessant, oder? Diesen Widerspruch konnte ich nicht nur rechnerisch, sondern vor allem auch im Blick auf die Realität bislang noch nicht lösen. Im Normalfall hält es sich die Waage, dass wir Menschen verletzt werden *und* dass wir andere verletzen. Dass wir

Unrecht erleiden *und* Unrecht tun. Es wird – ganz gleich in welcher sozialen Schicht – wie eh und je betrogen und verleumdet, geschlagen und beleidigt, hintergangen und übers Ohr gehauen, herabgesetzt und ausgebeutet, mit Ellenbogen gearbeitet und manipuliert. Doch in der Wahrnehmung herrscht ein Ungleichgewicht: Erlittener Schmerz und zugefügtes Unrecht werden mit großer Sensibilität gespürt, wohingegen eigene Fehler und begangenes Unrecht tendenziell ausgeblendet werden. Kaum etwas bereitet dem Menschen mehr Schwierigkeiten, als eine Schuld einzugestehen – und sei es auch nur vor sich selbst!

Fehler zu machen und schuldig zu werden gehört zum menschlichen Alltag. Immer wieder kommt es vor, dass wir im Widerspruch zu eigenen inneren Wertmaßstäben handeln. Dass wir zum Schaden anderer oder unserer selbst eine Grenze überschreiten. Nachvollziehbare Gründe legen es nahe, diese Realität abzuwehren: Möglicherweise halten uns Stolz, der Wunsch nach einer weißen Weste oder die Furcht, unser Gesicht zu verlieren, davon ab, die eigene Misere nüchtern in den Blick zu nehmen. Vielleicht hindert uns auch die Angst, dass die meist unbewussten Gefühle von Unzulänglichkeit und Minderwertigkeit aktiviert werden. Oder wir wollen unser zerbrechliches Selbstwertgefühl und unseren – scheinbaren – Seelenfrieden schützen.

Ich staune immer wieder, welche beeindruckende Kreativität (nicht nur) ich an den Tag lege, um eine Begegnung mit meinen Widersprüchen und Fehlverhalten zu vermeiden. Bei manchen treibt es regelrecht skurrile Blüten, wenn es darum geht, durch peinliche Verrenkungen selbst die offensichtlichsten Fehler zu verleugnen. Etwa jener leicht militante Umweltschützer: Aufs Genaueste kontrolliert er zu Hause die Mülltrennung in den dafür vorgesehenen acht verschiedenen Behältern und nötigt seine Familie alle

Nase lang, bei einer Demonstration mitzugehen oder eine Petition zu unterschreiben. Er kämpft gegen das Abschmelzen der Polkappen, den Ausbau der Autobahntrasse, die Ausrottung der Buckelwale und das Schlachten der Robbenbabys, gegen Atomtransporte, den Treibhauseffekt und das Fracking. Und überhaupt: Auch wenn das in der Schulklasse üblich ist, Skifahren auf Kunstschnee-Pisten geht schon gar nicht! – Eines Tages fährt der Vater zu Hause mit einem dicken Oldtimer-Motorrad vor, das nicht nur ein Loch ins Familienbudget reißt, sondern auch immens viel Sprit verbraucht. Seine Kinder weisen ihn mit aller Deutlichkeit, zu der pubertierende Jugendliche fähig sind, darauf hin, dass er sich in Zukunft seine Predigten zum Umweltschutz sparen könne. Der Vater erklärt, dass er mit dem Motorrad schneller zu Hause sein und daher Zeit haben werde, ein Gemüsebeet mit Permakultur anzulegen. Durch den Kauf des Motorrads schütze er also genau genommen die Umwelt …

Nicht immer zeigt sich ein Selbstbetrug – zumindest für die Umstehenden – so offensichtlich wie in diesem Fall. Doch jeder und jede verfügt über ein Repertoire von Abwehrmechanismen, um ein Fehlverhalten, eine unschöne Charaktereigenschaft oder Schuld nicht an sich heranzulassen. Aber schirmen wir uns auf Dauer gegen die eigene Wirklichkeit ab, dann zahlen wir und andere einen hohen Preis für diese Schutzmechanismen: Wenn wir einen begangenen Fehler oder Schuld ausblenden, untergraben wir nämlich die Fähigkeit, uns realistisch zu betrachten. Der verzerrte Blick in den Spiegel entfremdet uns von uns selbst, und zwar in wachsendem Maß. Denn wenn wir bewusst oder halbbewusst an unserer Ignoranz uns selbst gegenüber mitarbeiten, werden wir immer blinder für die eigene Realität. Zugleich nehmen wir uns dadurch die Chance, aus Fehlern zu lernen und eine Kurskorrektur vorzunehmen. Zudem verringert sich unser Handlungsspielraum, denn der abgewehrte innere Konflikt schlägt sich irgendwo anders in unserem Handeln nieder. Das, was wir nicht zulassen, lässt uns nicht los – es hat uns in der Hand. Und schließlich: Wenn wir die Augen vor unserem ungeschickten oder miesen Verhalten schließen, leiden die Beziehungen mit anderen. Insbesondere müssen es natürlich jene ausbaden, die unmittelbar von unserem Handeln betroffen sind.

Umgekehrt birgt ein Bewusstsein um eigene Schuld in mehrfacher Hinsicht ein *schöpferisches Potenzial* in sich. Denn wären wir Menschen nicht in der Lage, Schuld zu empfinden, so würde das sogenannte „Recht" des Stärkeren das öffentliche und private Leben diktieren. Erst die Kompetenz, Schuld spüren und erkennen zu können, ermöglicht ein ziviles Zusammenleben.

Handlungsspielräume

Damit hängt zusammen: Die Einsicht, etwas falsch gemacht zu haben, eröffnet neue Handlungsspielräume. Darauf weist bereits die Etymologie des Wortes „Schuld" hin. „Schuld" lässt sich vom germanischen ‚Skuld' herleiten, und in der nordischen Mythologie steht ‚Skuld' – eine mythische Frauengestalt – für „Zukunft". Dies mag auf den ersten Blick überraschen, denn Schuldbewusstsein bezieht sich ja auf Vergangenes und geht mit dem Bedauern einher: „Ach, hätte ich bloß …" Doch genau damit weist es auch nach vorn. Das bittere oder bereuende „Ach, hätte ich doch besser …" lehrt nämlich zugleich: Es gibt ein Besser. Ich kann in Zukunft anders handeln. – Auf diese Weise können wir aus Fehlern lernen und unser Verhalten ändern. Daher lassen sich aus gutem Grund Schuldbewusstsein und Reue als eine Art ethisches Qualitätsmanagement verstehen, das unabdingbar ist für das zwischenmenschliche Zusammenleben und für das Funktionieren einer Gesellschaft.

Sind Sie mit an Bord, wenn es darum geht zu schauen: Auf welche Weisen versuche ich, eine Konfrontation mit eigener Schuld, mit einem Fehlverhalten oder schlechten Angewohnheit zu vermeiden? Mit folgenden Fragen möchte ich Sie zu einer entsprechenden Selbsterkundung anregen.

- „Nicht sein kann, was nicht sein darf." Kenne ich diese allzu menschliche Einstellung, in deren Folge ich Schuld bagatellisiere, bestreite oder verdränge? Oder wie Nietzsche das Verdrängen pointiert beschreibt: „,Das habe ich getan', sagt mein Gedächtnis. ,Das kann ich nicht getan haben' – sagt mein Stolz und bleibt unerbittlich. Endlich – gibt das Gedächtnis nach."
- Suche ich nach Ausreden, mit denen ich Schuld „wegerkläre"? Zum Beispiel, indem ich mein Verhalten und meine Motivlage umdeute? Oder indem ich anführe, warum ich mich gar nicht anders verhalten konnte – denn was mir „Gott, Welt, Schicksal, Natur, Chromosomen und Hormone, Gesellschaft, Eltern, Verwandte, Polizei, Lehrer, Ärzte, Chefs oder besonders Freunde antaten, wiegt so schwer, dass die bloße Insinuation, vielleicht etwas dagegen tun zu können, schon eine Beleidigung ist", wie Paul Watzlawick mit spitzer Feder karikiert. Mithilfe solcher Litaneien kann man sich als makelloses und bemitleidenswertes Unschuldslamm verstehen und Sündenböcke aus dem Hut zaubern, auf denen die Schuld abgeladen wird.
- Versuche ich, mein schlechtes Gewissen zu beruhigen, indem ich auf die betroffene Person überfreundlich zugehe, sie über die Maßen verwöhne oder sogar noch lobe, aber das eigentliche Thema ausspare?

- Identifiziere ich mich zu stark mit meinem Fehlverhalten, mache mich selbst nieder und halte mich für den schlechtesten Menschen, den es je gegeben hat? Entziehe ich mich meiner Schuld durch die Flucht in die Verzweiflung? Verkrieche ich mich im Loch der Resignation, wo ich weinend vor mich hin trotze, anstatt – ernüchtert und bescheiden(er) – herauszukriechen und nochmals anzufangen?

- Versuche ich, mein schlechtes Gewissen nicht zu spüren, indem ich etwa wie verrückt arbeite oder indem ich übermäßig Nahrung oder Getränke, Medien oder Medikamente konsumiere? Neige ich zu Selbstbestrafung, indem ich mich – und andere! – durch einen zu riskanten Fahrstil selbst gefährde?

- Welchen langfristigen Preis zahle ich für die Abwehr meines Fehlverhaltens? Und werden andere durch mein Vermeidungsverhalten in Mitleidenschaft gezogen?

Wenn Sie auf Ihrer Selbsterkundungstour den einen oder anderen abwehrenden Mechanismus entdecken und sich ehrlich eingestehen, dann gelingt Ihnen viel! Denn haben Sie Ihre Vermeidungsstrategien erst einmal aufgespürt, dann verlieren diese wie von selbst etwas von ihrer Macht. So können Sie nach Möglichkeiten Ausschau halten, wie Sie den dunklen Seiten Ihrer Wirklichkeit auf lange Sicht angemessener begegnen.

Ich bin davon überzeugt: Für eine tragfähige Freundschaft mit sich und für eine sinnvolle und menschenwürdige Gestaltung unserer Welt ist es notwendig, dass wir uns unserem Fehlverhalten stellen. Und dass wir einen Weg einschlagen, der uns zur inneren Aussöhnung und zur Versöhnung mit anderen führt.

Sich selbst vergeben: Geht das?

„Ich kann mir nicht vergeben, dass ich meiner verwirrten Schwiegermutter eine Unterschrift abgetrickst habe, damit sie quasi freiwillig ins Altersheim umzieht. Mit der externen Pflegehilfe kam sie in ihrem eigenen Wohnbereich nämlich noch recht gut zurecht und hat sogar jeden Tag die Katzen gefüttert. Doch die ewig gleichen Gespräche mit ihr waren für mich unerträglich geworden, und außerdem wollte ich mehr Raum für meine eigene Familie... Wenige Wochen nach dem Umzug ist meine Schwiegermutter, die ihr ganzes Leben auf dem Bauernhof verbracht hatte, gestorben. Die Entwurzelung hat ihre Lebenskraft gebrochen. *Ich habe ihren Lebenswillen gebrochen.*" Die Not stand der Schwiegertochter, einer Rechtsanwältin, ins Gesicht geschrieben. Und sie fragte sich: „Wie soll ich mit meiner Schuld leben? Ich kann mich nicht einmal mehr bei meiner Schwiegermutter entschuldigen. Werde ich mir meinen Egoismus je verzeihen können?!"

Hinter diesen qualvollen Fragen steht die Erfahrung: Es fällt schwer, Vergebung anzunehmen. Schwerer noch, anderen zu vergeben. Am schwersten fällt es aber wohl, sich selbst zu vergeben. Den Seelenfrieden trotz der eigenen Schuld wiederzufinden.

Vielleicht wenden Sie beim Lesen dieser Zeilen ein: Kann man sich überhaupt selbst vergeben? – Strikt genommen: Nein!

Wenn ich an jemandem schuldig geworden bin, dann kann allein die betroffene Person mir vergeben. Ich kann zwar mit aufrichtigem Herzen mein Bedauern ausdrücken, um Entschuldigung bitten und mich um Wiedergutmachung bemühen, doch mich selbst zu entschulden gelingt nicht. Denn weder vermag ich mein Versagen rückgängig zu machen noch mich von dessen Folgen freizusprechen. Die Schuld lastet umso schwerer, wenn die betroffene Person verstorben und kein Gespräch mehr mit ihr möglich ist. Hier spitzt sich zu, was grundsätzlich gilt: Schuld will angenommen und getragen werden!

Zweifelsohne: Der Weg dorthin ist steinig und mühsam. Denn in uns Menschen wohnt ein hartnäckiger Widerwille, für begangene Schuld geradezustehen. Doch wenn Sie zu diesem *Ja* finden, dann werden Sie frei(er) von Schuldgefühlen oder vom überfordernden Anspruch der Fehlerlosigkeit. Die abwertenden und bitteren Vorwürfe gegenüber sich selbst klingen ab und ein innerer Friede breitet sich aus. Sie öffnen die Tür zu einer größeren Freundschaft mit sich und einem erfüllteren Leben mit anderen. Also: Wenn sich auf dem Weg der Schuldverarbeitung Widerstände zu Wort melden sollten, dann trauen Sie Ihrer Sehnsucht nach Selbstachtung und Lebendigkeit. Der Weg lohnt sich!

Mit sich ins Reine kommen

Auf welche Weise können wir uns mit Schuldgefühlen und eigener Schuld auseinandersetzen, so dass wir mit uns selbst neu ins Reine kommen? Was sind wichtige Schritte auf dem Weg der Schuldverarbeitung und inneren Aussöhnung?

Ähnlich wie beim Umgang mit Kränkungen entfalte ich auch im Folgenden fünf Aspekte, die für diesen Prozess wichtig sind. Und ebenso werden Sie erneut auf Fragen treffen, mittels derer Sie das Gelesene für sich persönlich überdenken können.

1. Gehen Sie zurück auf Los

Gehen Sie zurück auf Los! Diese unbeliebte Ereigniskarte beim Monopoly-Spiel gilt auch hier. Immer bildet die konkrete Geschichte den Ausgangspunkt, um eigene Schuld verarbeiten zu können. Um diesen Punkt genauer zu fassen, helfen Fragen wie: Was habe ich getan? Was habe ich unterlassen? Wofür fühle ich mich schuldig?

Und schließlich: Wem gegenüber fühle ich mich schuldig: einem konkreten Menschen oder einer Menschengruppe… mir selbst… Gott? – Wenn Sie sich dies fragen, stellen Sie Ihr Erleben in ein Beziehungsgeflecht und damit in den eigentlichen Rahmen, wo Schuld Schaden anrichtet. Denn wenn wir schuldig werden, verletzen wir in erster Linie nicht ein ethisches Gesetz oder einen abstrakten Rechtsparagraphen, sondern: Wir verletzen andere. Wir verletzen uns selbst. Und aus der Sicht glaubender Menschen betrachtet, verletzen wir auch die spirituelle Beziehung zum göttlichen Geheimnis des Lebens.

Setzen wir uns mit solch beschämenden Situationen auseinander, verstärken sich im Normalfall unsere inneren Spannungen und oft auch unsere feindlichen Gefühle uns selbst gegenüber. Vor allem aber können sich Schuld- und Schamgefühle deutlicher zu Wort melden. An diesen unangenehmen Empfindungen führt auf dem Weg der inneren Aussöhnung kein Schleichweg vorbei. Im Gegenteil: Es gilt, sich ihnen in aller Klarheit zuzuwenden, denn sie üben eine wichtige Signalfunktion aus.

Scham- und Schuldgefühle werden häufig gleichgesetzt, doch zu Unrecht. Der Unterschied zwischen Schuld- und Schamempfinden lässt sich am besten verdeutlichen anhand des Unterschieds zwischen der Einsicht: Ich *habe* etwas Schlechtes *getan*, und der Überzeugung: Ich *bin* ein schlechter Mensch.

Nehmen wir einmal an, Sie schreien regelmäßig Ihre Tochter an und fordern lautstark, dass sie endlich aufräumen, die Hausaufgaben machen oder das Handy aus der Hand legen soll. Wenn Ihr inneres Selbstgespräch hinterher lautet: „So ein Mist! Wie kommt es, dass ich immer wieder in dieselbe Falle tappe? Das hilft doch nicht weiter", wäre dies ein Beispiel für Schuldempfinden. Wenn Sie sich jedoch innerlich ohrfeigen: „Ich bin ja so was von unbeherrscht. Eine totale Versagerin als Mutter!", dann hat die Scham Sie in dem Moment fest im Griff.

Bei der *Scham* verurteilen wir uns selbst, fühlen uns klein, minderwertig und unansehnlich. Wir möchten uns am liebsten in Luft auflösen oder in ein Mauseloch verkriechen... Beim *Schuldempfinden* beziehen wir uns hingegen auf ein konkretes Verhalten. Wir fühlen uns schuldig, wenn etwas, das wir getan oder unterlassen haben, nicht mit unseren Werten und Ansprüchen übereinstimmt. Dieses Gefühl setzt eine sinnvolle Umkehr in Gang: Es weckt Bedauern, Reue und den Wunsch nach Wiedergutmachung.

Es wird deutlich: „Wirkliche", also real begründete Schuldgefühle sind ein geniales, wenn auch unangenehmes Signalsystem. Sie zeigen an, dass wir menschliche Werte verletzt haben. Dass wir Grenzen zum Schaden anderer oder unserer selbst nicht respektiert haben. Ähnlich wie Kontrollleuchten im Auto machen sie also auf einen Schaden aufmerksam und wollen eine Reaktion provozieren. Echte Schuldgefühle zeugen von seelischer Gesundheit!

Daneben gibt es natürlich auch unangebrachte, „irreale" Schuldgefühle: Gefühle, die subjektiv als höchst real erlebt werden, denen aber keine wirkliche Schuld gegenübersteht. Oder es wird eine Schuld im XXL-Format gespürt und aus einer Mücke ein Elefant gemacht. Solch überzogene Empfindungen ähneln Warnleuchten am Armaturenbrett, die wild durcheinander blinken oder gleich nonstop brennen. Auch aus diesem Grund besteht ein wichtiger Schritt darin, das als schuldhaft erlebte Verhalten genauer zu fassen, um es wirklich verarbeiten zu können.

2. Perspektivenwechsel

Wenn Sie unterscheiden wollen, ob ein eigenes Gefühl in Sachen Schuld angemessen oder überzogen hoch ist, hilft es, probeweise die Sicht einer neutralen dritten Person einzunehmen. Stellen Sie sich vor, dass Sie aus dem Blickwinkel dieser Person auf sich und das Geschehen schauen: Was sehen Sie dann? Wie erscheint Ihnen aus dieser Sicht Ihr Verhalten? – Ein solcher Perspektivenwechsel kann zu einer ersten Objektivierung Ihres subjektiven Schuldempfindens beitragen.

Ein Zweites: Mir geht immer mehr auf, wie verflochten jegliches Handeln ist. Kein Verhalten entsteht im luftleeren Raum. Vielmehr ist alles, was wir tun, in lebensgeschichtliche und soziale Zusammenhänge eingebettet. Unser konkretes, sichtbares Verhalten gleicht der Spitze eines Eisberges. Dessen größter Teil aber liegt unter Wasser und bleibt dem Auge verborgen. Ähnlich verschließen sich die Tiefenschichten unseres Handelns einer oberflächlichen Betrachtung. Das bedeutet: Wir werden ein eigenes Fehlverhalten erst dann besser verstehen, wenn wir in Blick nehmen, welche Umstände oder lebensgeschichtlichen Hintergründe dazu beigetragen haben. Denn niemand ist eine Insel. Vielmehr sind wir in unserem Fühlen und Handeln vielfach geprägt und beeinflusst. Nur wenn wir in größeren Zusammenhängen denken, gewinnen wir daher ein angemessenes Verständnis für unser Tun und Lassen.

Als die Frau, die ihre Schwiegermutter ins Heim bugsiert hatte, sich auf eine solche Erkundungstour macht, kommt ihr eine prägende Erfahrung aus ihrer eigenen Kindheit: In ihrer Familie hatte die Privatsphäre so gut wie keinen Schutz genossen. Ständig kam es zu Grenzüberschreitungen – insbesondere vonseiten ihrer Mutter, die trotz heftiger Konflikte immer wieder hinter ihr her geschnüffelt oder sie neugierig ausgequetscht hatte. Die Rechtsanwältin sieht einen Zusammenhang zwischen diesen Erfahrungen und ihrem eigenen Verhalten gegenüber ihrer Schwiegermutter. Sie erkennt ihren – lebensgeschichtlich mitbedingten – allzu großen Wunsch nach einem geschützten Raum und ihre mangelnde Fähigkeit, in einer guten Art und Weise Grenzen ziehen zu können. Diese Einsicht in biografische Hintergründe ändert nichts daran, dass die Frau ihr Verhalten als falsch erachtet und es bereut, aber sie bringt sich gegenüber mehr Verständnis auf, warum sie so gehandelt hat.

Wenn auch Sie sich auf Spurensuche machen wollen, um ein eigenes Fehlverhalten besser zu verstehen, dann suchen Sie sich doch jemanden, mit dem oder der Sie offen und ungeschminkt reden können. Diese Person sollte nicht in den Konflikt verstrickt sein und die Fähigkeit haben, Ihnen gut zuzuhören und Sie zu verstehen. Ebenso bedeutsam ist, dass sie im Gespräch nicht richtet oder moralisiert. Und dass sie den Mut hat, herausfordernde Fragen zu stellen, andere Perspektiven aufzuzeigen und ehrliche Rückmeldungen zu geben.

Wenn ich auf mein Leben schaue, zeigt sich mir sehr deutlich: Jedes Mal, wenn ich den Mut aufgebracht habe, mich einem Mitmenschen in meinem Schuld- und Schamempfinden unverstellt zu zeigen und mein Fehlverhalten offenzulegen, gelangte ich an einen Wendepunkt. Weil jemand mit mir schaute, konnte ich diese Wirklichkeit in mir leichter betrachten (war immer noch schwierig genug!). Ich trat aus der Isolation heraus, in die mich meine Schuld- und Schamgefühle geführt hatten. Und ich gewann einen realistischeren Blick für die Verflochtenheit meines Handelns *und* für die Tragweite meiner Schuld.

3. Zurück in die Gegenwart

Angenommen, Sie haben das Vertrauen eines Menschen, den Sie sehr lieben, missbraucht und ihn dadurch tief verletzt: Je mehr Sie sehen und nachempfinden, was Sie ihm angetan haben, umso mehr werden Sie sich vermutlich wünschen, es ungeschehen machen zu können. Doch man kann die Uhr nicht zurückdrehen. Trauer und Reue über das eigene Verhalten steigen auf …

„Oh je, was kommt denn da für eine Moralkeule?!", denken Sie vielleicht. Mit einer solchen Auffassung stünden Sie nicht allein. Für viele klingt Reue nach einem lähmend-überflüssigen Ballast. Riecht nach muffiger, lebensfeindlicher Moral. Vor allem aber steht sie unter dem Verdacht, dass sie Menschen eingeredet wird, um zu manipulieren. – Und in der Tat wurden und werden Schuldgefühle und Reue immer wieder auch eingeimpft, um Macht auszuüben oder Menschen kleinzuhalten. Ein schlimmer Missbrauch, der den Freiheitsimpuls dieses ethischen Gespürs ins genaue Gegenteil verkehrt!

Dass Schuldbewusstsein und Reue eine freisetzende und heilende Kraft innewohnt, ging einigen Gefangenen in der kalifornischen Haftanstalt San Quentin bei einem Vortrag von Viktor Frankl auf: Die Insassen hatten die Nase voll, von irgendwelchen Psychologen befragt zu werden, welch schreckliche Dinge sie in ihrer Kindheit und in ihrer gestörten Familienstruktur erlebt hatten. Dies vermittelte ihnen nämlich den Eindruck, dass man ihnen gar nicht zutraute, dass sie sich damals hätten anders verhalten können. Damit wurde ihnen die Chance genommen, ein echtes Schuldbewusstsein zu entwickeln und Reue zu empfinden, ihre Handlungen zu überdenken und zu verändern. Viktor Frankl, Überlebender mehrerer Konzentrationslager im Dritten Reich und Psychiater, sprach die Gefangenen auf ihre Verantwortung an. Auf ihre Verantwortung damals, als sie das Verbrechen begangen hatten, und auf ihre Verantwortung jetzt: nämlich für ihre Schuld geradezustehen und über sie hinauszuwachsen. Diese Provokation und Zumutung wirkte auf seine Zuhörer befreiend und ermutigend. Denn sie fühlten sich in ihrer Würde als Mensch angesprochen.

Reue schafft neue Handlungsmöglichkeiten. Denn in der Reue beziehen wir Menschen uns rückblickend auf unser Handeln. Wir sehen, dass es besser gewesen wäre, etwas nicht getan zu haben, und trauern darüber. Ja, wir erschrecken und trauern vielleicht über uns selbst. Und damit eröffnet Reue eine Gegenwart und Zukunft, die nicht mehr unter dem verhängnisvollen Diktat des Früheren steht: Ich kann der betroffenen Person meine Schuld eingestehen und sie um Vergebung bitten. Ich kann mich um Wiedergutmachung bemühen. Und ich vermag eine Kurskorrektur vorzunehmen und kann in Zukunft anders, wenn möglich besser handeln.

4. Eine Unabhängigkeitserklärung

Vielleicht werfen Sie an dieser Stelle ein: „Aber selbst wenn der andere mir vergeben hat: *Ich* muss mit meiner Schuld leben…" Das stimmt! Wie mit erlittenen Kränkungen so müssen wir auch mit eigener Schuld leben. Diese Geschehnisse gehören unabänderlich zu uns. Doch *wie* wir diese dunklen Kapitel unserer Vergangenheit in der Gegenwart und Zukunft fortschreiben, das liegt an uns. Ähnlich wie beim Vergebungsprozess stehen wir auch hier irgendwann vor der Entscheidung: Will ich mir mein Fehlverhalten auf Dauer nachtragen oder will ich mir die Vergangenheit nicht mehr in Rechnung stellen?

Wenn wir zu diesem Punkt der Akzeptanz und Annahme finden, dann werden wir frei(er) von nagenden Schuldgefühlen. Dann wird es möglich, dass wir unsere Schuld stehen lassen, ohne uns ständig zu fragen: „Was wäre gewesen, wenn ich…?", oder uns vorzuwerfen: „Hätte ich bloß…" Anstatt weiterhin gegen unser Versagen anzukämpfen oder darüber in Verzweiflung zu geraten, kapitulieren wir vor der Wirklichkeit. Oder weniger kriegerisch ausgedrückt: Wir lassen zu, dass dieses Geschehen zu uns und unserer Geschichte gehört, und beenden das sinnlose Unternehmen, auf eine bessere Vergangenheit zu hoffen. Wir verzeihen uns, schuldig geworden zu sein. Ja, wir erlauben uns, ein fehlbarer Mensch zu sein, der – wie alle Menschen – auf Vergebung und Nachsicht angewiesen ist.

Durch einen solchen Friedensschluss mit sich selbst finden Sie in eine neue Freiheit. Denn wenn Sie sich mit Ihrer Schuld aussöhnen, dann nehmen Sie ihr die Macht, die sie ansonsten immer noch ausübt, indem sie Ihnen etwa Angst oder Ohnmacht, Resignation oder ätzende Selbstabwertung einflößt. Sie kommen mit sich selbst stärker ins Reine. Die Freundschaft mit sich selbst vertieft sich. Sie wird umfassender und tragfähiger.

5. Das Geschenk der Vergebung

Die eigene Unansehnlichkeit und Schuld zu akzeptieren und sich als dieser konkrete Mensch zu bejahen – das ist leichter gesagt als getan! Denn wer schuldig geworden ist, fühlt sich unannehmbar. Woraus also die Kraft schöpfen, sich selbst anzunehmen, wenn wir nicht so sind, wie wir gerne wären?

Freundschaften bilden eine wesentliche Quelle, um eine tragfähige und wohlwollende Beziehung zu sich selbst zu entwickeln. Menschen, die uns annehmen mit unserem Lichten und Dunklen, mit unserer Größe und Schuld. Erleben wir, „einfach so" geliebt zu sein, dann hilft dies, uns selbst auf einer immer tieferen Ebene zu bejahen. An diesem Punkt kommt daher erneut die Kraft der Erinnerung ins Spiel: Eine Reise in die eigene Vergangenheit vermag die Augen zu öffnen für all jene, die unsere Grenzen ertragen und trotz unserer Schwächen weiterhin zu uns gehalten haben. Die uns unsere Unreife nicht zum Vorwurf gemacht und unsere Fehler nicht nachgetragen haben. Die uns das Geschenk der Vergebung gemacht haben. Denn auch wenn wir auf Vergebung angewiesen sind – weil wir uns eben nicht selbst entschuld(ig)en können –, so lässt sich Vergebung weder moralisch einfordern noch verdienen. Sie bleibt vielmehr ein Geschenk, das aus freien Stücken großzügig gewährt wird – oder eben auch nicht.

Vergebung lässt sich mit keiner anderen Erfahrung vergleichen. Sie ist ein *fundamental feeling*, denn sie trifft unser *Ich* in seiner

Tiefe, im Fundament. Sie vermittelt das grundlegende Gefühl, für das geachtet und bejaht zu sein, was wir im Innersten sind. Solch verwandelnde Augenblicke eröffnen uns eine neue Erfahrung unseres Selbst. Wir fühlen uns uneingeschränkt geschätzt trotz unserer Schrammen, Schwächen und Schuld. Es ist wie ein Zu-Hause-Ankommen: Eine brennende Kerze im Fenster leuchtet dir im Dunkeln entgegen. Du trittst ein und tauchst ein in warmes Licht. Du atmest tief durch und eine Stimme in dir heißt dich willkommen. Und du spürst: Du bist daheim.

Jesus stand mit Haut und Haar dafür ein, dass jeder Mensch immer schon in einer Liebe zu Hause ist, die ihn umgibt und die ihn von innen her durchströmt. Dass am Grunde seines Herzens ein Licht auf ihn wartet. Es war das große Anliegen Jesu zu zeigen: Vor aller Leistung und trotz aller Schuld ist jedem Menschen eine bedingungslose und unbegrenzte Freundschaft geschenkt. Einer solchen Freundschaft kann man nur Glauben schenken. Beweisen lässt sie sich ebenso wenig wie jede andere Freundschaft.

Kein Wunder, dass Jesus mit seiner Botschaft von all jenen bekämpft oder verfälscht wurde und wird, die allein auf *law and order* vertrauen. Stellt er doch ihr Welt- und Gottesbild und damit so manches Lebenskonzept völlig auf den Kopf. Ihre allzu menschliche Tauschlogik „Gott liebt uns, *wenn* wir uns ändern und wenn wir unsere Schuld bekennen" wird um 180 Grad gedreht: „*Weil* Gott uns liebt, können wir uns ändern und unsere Schuld bekennen."

Für Glaubende ist „Gott" das Wort für dieses *Geheim*nis, in dem wir Menschen immer schon daheim sind. Kommt jemand mit dieser Wirklichkeit in Berührung, öffnet sich eine Tür, die ihn aus den angstbesetzten Räumen der Selbstoptimierung und der Selbstverachtung herausführt. In der Begegnung mit dem göttlichen *Ja* kann ein tragfähiges Ja zu sich selbst heranreifen. Dann können wir erfahren: „Ich bin nicht okay – und das ist okay so. Ich darf so sein, wie ich bin. Aber ich muss nicht so bleiben, wie ich bin." Denn nichts kann einen so sehr zum Frieden mit sich und anderen befähigen wie spürbares Wohlwollen und echte Liebe.

3. Versöhnt leben

Ich habe den Befehl des Königs sehr wohl befolgt. Ich habe seine Feinde vernichtet: Ich habe sie zu Freunden gemacht.

Feinde, gegen die wir ins Feld ziehen, finden sich nicht nur in der Nachbarschaft, am Arbeitsplatz oder im Verein, sondern oft in uns selbst, und häufig entstammen sie unserer Vergangenheit: erlittene Verletzungen, die immer noch bluten, getroffene Fehlentscheidungen oder schwer zu tragende Schuld. Wenn wir versuchen, diese Feinde zu besiegen, geraten wir schnell in den Teufelskreis von Verleugnung, Hass und Bitterkeit, von Anstrengung, Versagen und Selbstbestrafung durch noch härtere Maßnahmen. Die eingangs erzählte Geschichte vom König und seinem Feldherrn weist in eine andere Richtung: Sich mit den Feinden gemeinsam an einen Tisch setzen, sich versöhnen, Freundschaft schließen und so gemeinsam freier und kraftvoller leben – darauf kommt es an.

Natürlich, bisweilen tun wir besser daran, zu kämpfen oder zu fliehen. Im Friedensschluss liegt nicht immer die angemessenere oder klügste Antwort. Doch gerade wenn es um den Umgang mit dunklen Kapiteln der eigenen Lebensgeschichte geht, halte ich die innere Aussöhnung zumeist für die beste Option. Denn der innere Friedensschluss kommt Ihnen selbst in unverhofftem Maße zugute. Und er kommt anderen Menschen zugute. Denn wenn Sie Ihre inneren Feinde befriedet haben, wandeln sich zugleich auch Ihre

Beziehungen mit anderen: Sie werden fähig(er), deren Gekränkt-
sein oder auch deren Überempfindlichkeit anzunehmen. Ja, vielleicht spüren Sie aufgrund Ihrer „Reise nach innen" sogar eine Verbundenheit mit Ihren Mitmenschen gerade in deren Schwäche und
Schuld.

Vielleicht fragen Sie sich an dieser Stelle besorgt, ob Sie durch
einen solchen inneren Friedensschluss nicht an Klarheit, Entschiedenheit oder Mut verlieren. Seien Sie unbesorgt! Sie werden mit
genauso viel Kraft Konflikte führen wie vorher. Aber durch die Be-
friedung der inneren Konfliktherde werden Sie konstruktiver und
lösungsorientierter mit anderen streiten und kämpfen können.

Vor allem aber bereiten Sie durch Ihre innere Aussöhnung den
Boden für eine Versöhnung mit der anderen, in den Konflikt ver-
wickelten Person. Denn damit Sie einen gemeinsamen Neuanfang
setzen und sich miteinander versöhnen können, braucht es vorweg
diese Prozesse des Verzeihens bzw. der Bearbeitung aktiv begange-
ner Schuld. Nur dann wird ein guter, nachhaltiger Frieden möglich.

Ob die andere Seite an einer Versöhnung interessiert ist, liegt
jedoch nicht in Ihrer Hand. Weder kann jemand von Ihnen Vergebung oder zwischenmenschliche Versöhnung einfordern, noch
können Sie dies umgekehrt von anderen erwarten, geschweige denn
einklagen. Ihre Freiheit endet dort, wo die Freiheit des anderen beginnt – auch seine Freiheit, womöglich keinen Frieden schließen
zu wollen.

In meinen Beratungsgesprächen gewinne ich immer wieder den
Eindruck, dass dies vielleicht zum Schwierigsten gehört: meinen
Frieden damit zu machen, dass die andere Person keinen Frieden
will. Dass meine ausgestreckte Hand ins Leere greift. Dass mein
bittender Blick an ihr abprallt. Dass meine Worte auf taube Ohren
treffen.

Gerade in Situationen, in denen – aus welchen Gründen auch immer – keine zwischenmenschliche Verständigung mehr möglich ist, zeigt sich in großer Deutlichkeit die befreiende Kraft der inneren Aussöhnung: Durch den Friedensvertrag mit dieser dunklen Episode unserer Geschichte stärken wir unseren Entschluss, *von unserer Seite aus* ein für alle Mal aus dem Konflikt auszusteigen. Dem anderen und uns selbst das Geschehen nicht mehr nachzutragen und es „gut sein" zu lassen. In der Folge lockert die unerlöste Vergangenheit, die sich von hinten an uns krallt, ihren Klammergriff.

Mit dem Verkorksten und Erbärmlichen, mit dem Wunden und Schäbigen unseres Lebens Freundschaft zu schließen, kennt keine Endstation. Es handelt sich vielmehr um eine Kunst, die immer neu geübt und ausgeübt werden will. Es geht um eine Lebenskunst. Um einen ‚way of life', der uns den Zugang zu einem sinnvollen und engagierten Leben erschließt.

Siebtes Kapitel

„WORUM GEHTS DIR?"

DIE WESENTLICHE FRAGE DES LEBENS

Die Freundschaft mit sich selbst wird aus zwei Hauptquellen ge-speist. Eine Quelle heißt „Frieden mit der eigenen Vergangenheit": In dem Maße, in dem Sie ein tiefe(re)s Einverständnis auch mit den dunklen Episoden Ihrer Geschichte entwickeln, schließen Sie Freundschaft mit sich selbst. Ihre Zufriedenheit mit der eigenen Vergangenheit trägt dazu bei, dass Sie hier und jetzt Ihr Leben er-füllend gestalten können. Denn nun können Sie Ihr eigenes Poten-zial klarer erkennen und Ihre wahre Energie mehr entfalten. Und mit diesem Gedanken kommt bereits die zweite wichtige Quelle in den Blick, aus der sich die Freundschaft mit sich selbst speist: dass Sie hier und jetzt ein „stimmiges" und engagiertes Leben führen, das Sie mit Sinn und Glück erfüllt.

1. Gib deinem SINN ein LEBEN

Die Frage nach dem Sinn im Leben stellt sich normalerweise nicht, wenn wir in der Fülle von Aufgaben stehen, die das Leben an uns heranträgt. In diesen Zeiten verwenden wir üblicherweise nicht ein-mal das Wort „Sinn". Eher denken oder sprechen wir davon, dass uns eine Sache viel bedeutet. Dass unsere Arbeit okay ist. Dass es in der Beziehung „passt" oder „stimmt". Dass unser Alltag in Ordnung und vieles interessant ist.

Doch mitunter drängt sich die Frage nach dem Sinn im Leben heftig ins Bewusstsein. Sie taucht etwa auf, wenn Beziehungen brüchig werden oder die Arbeit einem nichts (mehr) sagt. Wenn Erfolg und Konsum einen hungrig zurücklassen oder wenn ein Schicksalsschlag bisher Selbstverständliches ins Wanken bringt. Ebenso meldet sie sich zu Wort, wenn eine weitreichende Entscheidung vor der Tür steht – vielleicht, welche Richtung Sie in einer Beziehung oder im Beruf einschlagen wollen.

Ich denke aber auch an jenen jungen Mann, dem bitter über die Lippen kommt: „Es läuft eh alles ohne mich." Er steht für viele heute 16- bis 25-Jährige, die sich in den vergangenen, wirtschaftlich schwierigen Jahren oft überflüssig gefühlt haben. Bei ihrer mühsamen und häufig auch vergeblichen Arbeitsplatzsuche gewinnen sie den Eindruck, nicht nötig, ja vielleicht nicht einmal erwünscht zu sein.

Wer erleben muss: „Ich werde im Arbeitsprozess nicht gebraucht oder tauge bestenfalls als ein austauschbares Füllsel", wird schwer getroffen. Eine solche Erfahrung geht weit hinaus über einen momentanen Frust, gerade keine passende Arbeit zu finden, und sie reicht tiefer als eine vorübergehende Rollenunsicherheit. Sie schneidet ins Fleisch. Sie verletzt das Vertrauen, dass mein Leben für etwas gut ist. Dass ich etwas schaffen und bewirken kann, das für andere von Bedeutung ist.

Und darin liegt ein zentrales Bedürfnis aller Menschen: Wir wollen etwas tun, was wir gut können, was zu uns passt und was für andere wichtig ist und honoriert wird. Wir brauchen es, gebraucht zu werden! Bleibt diese Erfahrung aus, dann vermissen wir etwas Wesentliches. Möglicherweise bricht in uns jene grundsätzliche

Frage auf, worin der Sinn unseres Lebens liegt. Vielleicht sogar, ob es überhaupt sinnvoll ist, in dieser Welt und am Leben zu sein.

Nicht zuletzt können auch bestimmte Lebensphasen die Frage nach dem Sinn aufwerfen. So realisieren viele in der Lebensmitte, dass in all ihrem Tun und Machen ihre spielerisch-intuitive und kreative Seite zu kurz gekommen ist. Und es beschleicht sie der leise Verdacht, dass sie sich und ihrer Vision vom Leben fremd geworden sind.

Ein anderer Umbruch ereignet sich, wenn Kinder das Haus verlassen oder jemand aus dem aktiven Berufsleben aussteigt. Dann sitzt manchen die Angst im Nacken, bedeutungslos zu werden. Sie sind verunsichert, weil sie nicht mehr spüren und verstehen, wozu ihr Leben gut ist …

Gerade in Zeiten und Phasen, in denen die Sinnfrage aufbricht, brauchen wir eine Neugestaltung unserer Beziehungen – und vor allem eine neue Beziehung zu uns selbst! Damit berühren wir einen weiteren Aspekt der Kunst, mit sich selbst befreundet zu sein.

Wozu das Ganze?

„Was soll ich mit meiner Zeit anfangen? Wofür ist mein Leben gut? Wie soll ich mich entscheiden? …" Kennen Sie das beunruhigende Potenzial solcher Fragen, in denen es um Ihre eigene Person geht?

Es braucht Mut, sich diesen Fragen zu stellen, denn Sie kennen die Antwort, die Sie geben werden, ja noch nicht … Und es braucht Mut, weil die Frage in unserer Gesellschaft häufig mit psychischer Schwäche gleichgesetzt wird. Als ob es ein Anzeichen einer seelischen Krankheit wäre, nach dem Sinn des eigenen Lebens zu suchen. Doch ganz im Gegenteil: Wenn wir unter einer sinnentleerten Tätigkeit leiden oder darunter, dass uns die Welt stumm und taub gegenübersteht, dann handelt es sich um einen „gesunden Schmerz". Ähnlich wie Angst vor einer Bedrohung warnt, so signalisiert der Schmerz, dass eine wesentliche Quelle unseres Lebens zu versiegen droht oder wir zumindest keinen Zugang zu ihr haben. Und er fordert uns auf, aktiv zu werden.

Ich bin davon überzeugt: Wir leben an uns vorbei, wenn wir diesen Schmerz als Phantomschmerz abtun und uns in unserem Alltag mehr schlecht als recht pragmatisch einrichten. Wenn wir ihm jedoch Gehör schenken und auf den Grund gehen, so kann er uns als ein Ruf des Lebens etwas Wichtiges sagen. Dieser Ruf lockt, fordert heraus und manchmal gebietet er auch: „Gib deinem SINN ein LEBEN. Und vergiss dabei nicht, dass die anderen die gleichen Rechte haben wie du. Auch deren innere Stimme spricht: Gib deinem SINN ein LEBEN."

Worin dieser Sinn für Sie im Einzelnen jeweils liegt, das können allein Sie im Hören auf sich und die konkrete Situation erkennen. Ein Maßstab für die Freundschaft mit sich liegt in der „Stimmigkeit" des Lebens: Wenn Sie Ihr Leben so gestalten, dass Sie es im Großen und Ganzen als stimmig erleben – wenn es also zu Ihnen und der gegebenen Situation passt –, dann weckt dies einen tiefen Frieden und eine beständige Freude. Dann gehen Sie (mehr) mit dem befriedigenden Gefühl durchs Leben: „Ich bin ich, und das ist gut so."

Vielleicht denken Sie: „Ist ja alles recht und schön, was die Melanie Wolfers da schreibt. Aber wie erkenne ich denn, was stimmig ist? Oder was mache ich damit, dass manches so gar nicht stimmt in meinem Leben und ich daran auch nicht viel ändern kann?" Möglicherweise haben Sie aber auch einfach Lust, mehr zu verstehen, warum sich Ihr Leben manchmal prall, farbenfroh und lebendig anfühlt und zu anderen Zeiten leer, grau und tot. – Machen wir uns auch hier auf eine Spurensuche.

2. Was Leben gelingen lässt

Ein stimmiges Leben zu führen, was meint das? – Das können am besten Sie selbst beantworten! Ja, genau genommen können *nur* Sie selbst beantworten, was für Sie ein passendes, sinnvolles Leben bedeutet! Um Ihre Wissensquelle anzuzapfen, möchte ich anregen, dass Sie dieses Buch wieder einmal einen Augenblick zur Seite legen und sich fragen: Was sind in den vergangenen Monaten für mich gelungene Momente gewesen? Und im Blick auf einen größeren Lebensabschnitt: Wann war ich so richtig glücklich? Und wenn Sie wollen, nehmen Sie ein weißes Blatt Papier zur Hand und machen sich Notizen.

Gelungene Begegnungen

„Was waren für Sie gelungene Momente? Wann fühlten Sie sich so richtig glücklich?" – Wenn ich in Seminaren Übungen zu diesem Themenkreis anleite, bringen die Leute Verschiedenstes zur Sprache: Da ist jemand völlig eingetaucht in ein faszinierendes Buch. Ein anderer hat am Auto herumgebastelt und darüber die Zeit vergessen. Jemand stand am rauschenden Meer und beobachtete, wie die Sonne aufging. Eine andere wurde bei der Arbeit von einer spannenden Herausforderung gefesselt. Oder die schönen Momente beim Kochen, Wandern oder in einem Konzert... Viele erzählen von dichten Augenblicken mit einem anderen Menschen: von einem Gespräch, einem intimen Miteinander, von der Geburt des Kindes oder von der Erfahrung, als sie dieses oder jenes gemeinsam mit jemandem erlebt haben. Religiöse Menschen sprechen auch von Augenblicken, in denen sie eine tiefe Verbundenheit mit dem Mysterium des Lebens erahnt haben. In denen sie sich im göttlichen Geheimnis ganz aufgehoben gefühlt haben.

Bei aller Verschiedenheit scheinen mir die Erfahrungen in einem wichtigen Punkt übereinzukommen: Wenn Menschen von gelungenen Momenten in ihrem Leben berichten, erzählen sie von Situationen, in denen sie etwas *berührt* hat. Sie erlebten sich im Einklang mit der Natur oder waren fasziniert von etwas Schönem. Sie erzählen von einer Begegnung, die in ihnen etwas zum Klingen gebracht oder von einer religiösen Erfahrung, die in ihnen eine Resonanz ausgelöst hat. Sie haben gespürt, dass sie mit einem anderen Menschen auf einer Wellenlänge sind.

„Alles wirkliche Leben ist Begegnung", betont der Philosoph Martin Buber. Und in der Tat: Uns Menschen beseelt ein tiefer Beziehungswunsch! Wir wollen, dass das, was uns begegnet, uns etwas sagt. Wir wollen einen Draht kriegen zu dem, was wir tun, anstatt einfach nur mechanisch zu funktionieren, und wir wollen erfahren, dass wir etwas zu geben haben. Wir haben es nötig, gebraucht zu werden. Und in besonderer Weise sind wir auf Beziehungen angewiesen, in denen wir hören, dass wir dazu-gehören. Dass wir zusammen-gehören.

Es sind Sternstunden, wenn wir mit einem anderen Menschen in der Tiefe in Kontakt kommen. Das Wort „Kontakt" leitet sich her vom lateinischen ‚con-tingere' – berühren…

Eine Studentin erzählt mit leuchtenden Augen, dass sie sich unsterblich verliebt hat, und es ist offensichtlich, dass sie ganz hin und weg ist – und darin ganz bei sich selbst. Ein erfolgreicher Mittfünfziger, zu dessen Lebensphilosophie gehört, alles im Alleingang zu schaffen, bittet in einer Krise erstmalig um Hilfe und spürt eine bislang unbekannte, ihn total bereichernde Verbundenheit. Oder einem Paar gelingt nach Monaten völliger Funkstille endlich ein befreiendes Gespräch. Doch ebenso ereignen sich im Alltag viele kleine Begebenheiten, die eine Verbundenheit schaffen: ein freundliches Wort, eine kleine Aufmerksamkeit, eine Ermutigung an andere, Zuneigung und Achtung ... Ohne dass wir über solche Augenblicke nachdenken, vermitteln sie die fraglose Gewissheit, dass es hier und jetzt gut ist, da zu sein. Solche Momente lassen einen leben.

Darin liegt ein Grundzug unseres Menschseins: Wir sind fundamental auf Kommunikation angelegt. Und das heißt auch: Wir sind darauf angewiesen, angesprochen und berührt zu werden. Dies gilt aber nicht „nur" auf der seelisch-geistigen, sondern auch auf der körperlichen Ebene. Dies zeigte schon das berühmt-berüchtigte Experiment von Kaiser Friedrich II. Der Kaiser wollte herausfinden, ob es eine angeborene Ursprache gibt, die Menschen ohne äußeres Zutun sprechen. Zu diesem Zweck isolierte er mehrere Säuglinge von der Außenwelt und befahl ihren Pflegerinnen, die Kinder zu stillen und zu waschen. Zugleich untersagte er ihnen streng, mit den Babys zu sprechen oder sie zu liebkosen. Auf diese Weise wollte er herausfinden, in welcher Sprache die Kinder ihre ersten Worte von sich geben. Das Ergebnis war niederschmetternd: Alle Kinder starben! Als Grund vermutet die heutige Forschung die fehlende sensorische Stimulation. In ähnlich verstörender Weise wurde nach dem Ende der Ceaușescu-Diktatur in rumänischen Waisenhäusern sichtbar: Der Mangel an Zuwendung und an Reizen verzögert oder verhindert die körperliche und geistige Entwicklung von Kindern.

Was vor 15 Jahren weitgehend noch als Gefühlsduselei oder romantische Spinnerei abgetan worden wäre, haben heutzutage die Biologie und Neurowissenschaften klar aufgezeigt: Das Bedürfnis nach Verbindung und Verbundenheit ist mehr als ein bloßes Gefühl! Es gehört zur biologischen Programmierung des Menschen, dass wir uns aufeinander beziehen. Die Resonanz, die wir in unseren Beziehungen erleben, wirkt sich darauf aus, wie sich unser

Gehirn entwickelt und was es leistet. Vom ersten bis zum letzten Atemzug brauchen wir Verbundenheit, um körperlich, emotional und intellektuell, um sozial und spirituell (auf)zu blühen.

Das Leben gähnt mich an

„Jeden Morgen frage ich mich, warum ich überhaupt aufstehe und das morsche Gerüst meines Alltags mit Aktivitäten aufrechterhalte. Was ich tue, sagt mir nichts mehr. Ich funktioniere wie eine aufgezogene Uhr, die mechanisch ihr Programm abschnurrt, egal ob bei der Arbeit oder im Privaten." – Die 45-jährige Frau sucht das Gespräch, weil sie sich innerlich leer fühlt. Müde vom Leben, welches sie als sinnlos und sich selbst als bedeutungslos empfindet.

Ihr Gesprächseinstieg überrascht mich, denn sie macht auf mich eher den Eindruck einer Person, die ihr Leben bestens im Griff hat. Sie erzählt dann auch, dass sie in einer Beratungsfirma einen Job hat, der ihr viel Geld und Anerkennung einbringt. Ihre Zwillinge entwachsen langsam der schwierigen Pubertätsphase. Sie geht regelmäßig joggen und auch „die Ehe mit meinem Mann ist super durchorganisiert. Sie sehen also: Alles gut! Und doch ist nichts gut! Was mich mal interessiert hat – meine Arbeit, die Beziehung mit meinem Mann, Bücher lesen oder im Chor singen –, all das sagt mir nichts mehr. Das Leben gähnt mich an."

Eine starke Frau, die ihr Leben effizient organisiert und alles im Griff hat. Die dabei aber so fest zugreift, dass das Leben wenig Chancen hat, störend dazwischenzufunken. Weder in ihrem durchgetakteten Alltag noch in ihrem Innern findet sich Raum für Unvorhergesehenes und Intuitives, für Faszinierendes und Erschreckendes, für Gefühle und Fantasien, für Freunde und Fremde. Kein Wunder, dass es für sie kaum Neues unter der Sonne gibt.

„Barfuß im Herzen" – dieser Titel einer Schweige- und Meditationswoche hatte es ihr angetan. Einerseits ärgert sie sich über den Titel, der so nichtssagend-wolkig daherkommt. Andererseits lässt er sie nicht mehr los. Sie merkt: Es steckt irgendetwas für sie darin. Darüber möchte sie mit mir, die ich den Kurs anbiete, diskutieren …

Im Herzen barfuß sein – dieser an einem Text des tschechischen Dichters Jan Skácel orientierte Seminartitel und das damit verbundene innere Bild wird für die Frau im Lauf der Monate zu einer Art Kompass. Sie erkennt, dass ihre Krise etwas mit ihrer Lebensphase – der Lebensmitte – zu tun hat. Und sie entdeckt ein ihr von Kindheitstagen an vertrautes Land, das sie in der Rushhour des Lebens aus den Augen verloren hat. Ein Land, das viel damit zu tun hat, dass sie sich im Leben auch einmal heimisch gefühlt hat: ihre innere Welt. Zu dieser gehört zum einen ihre Fähigkeit, *sich berühren und ansprechen zu lassen* – von Menschen oder Dingen, die ihr begegnen, aber auch von ihren Gefühlen oder Träumen. Zum anderen gehört zu dieser Welt ihr Drang, die Bälle aufzugreifen, die das Leben ihr zuspielt. *Beherzt zu antworten* auf die Fragen, die eine Situation ihr stellt.

Schritt für Schritt entwickelt die Frau eine neue Lebenshaltung: Anstatt ihren Alltag nur kontrollierend zu managen und hundertprozentig zu funktionieren, gibt sie nun die Zügel auch einmal aus der Hand. Und sie entdeckt dabei: In dem Maß, in dem ich eine gelassene Haltung einnehme – ich also nicht nur zupacke, sondern auch zulasse, anschaue und geschehen lasse –, in dem Maß wird für mich das Leben wieder interessant. Je mehr ich aus vollem Herzen lebe, umso deutlicher spüre und verstehe ich wieder, wofür mein Leben gut ist.

Funktioniere ich noch oder lebe ich schon? Gibt es da einen Unterschied für mich?

Über diese Fragen bin ich vor einiger Zeit gestolpert und ich finde es lohnenswert, immer mal wieder über sie nachzudenken. Denn sie lenken die Aufmerksamkeit auf unseren inneren Orientierungssinn.

Das Herzstück aller bedeutsamen menschlichen Erfahrungen liegt darin, dass wir in eine wirkliche Beziehung eintreten. Etwa wenn eine vibrierende Energie zwischen zwei Menschen entsteht. Allgemeiner gesagt: Das Leben fühlt sich lebendig an, wenn wir Menschen oder Dingen in einer hörenden Haltung begegnen *und* wenn wir uns selbst ins Spiel bringen und eigene Spuren hinterlassen. Manchmal läuft einem in solchen Augenblicken, in denen man zuinnerst angesprochen ist, eine Gänsehaut über den Rücken und die Augen leuchten auf. Wir fühlen uns verbunden. Quasi an den Strom des Lebens angeschlossen. Ganz fraglos spüren wir, dass wir ganz wir selbst sind.

Ein Mangel an Resonanz hingegen lässt uns das Leben fremd und farblos erscheinen. Trotz größter Anstrengung starren wir bloß in nichtssagende Leere. Ob auch Sie solche Erfahrungen oder vielleicht auch ganze Lebensetappen kennen, in denen Ihnen Sinn abhandengekommen ist? Zeiten, die in Ihnen ein Empfinden aufkommen lassen wie: Die Welt steht mir stumm und kalt, wenn nicht sogar feindlich gegenüber. Ich bekomme keinen Draht zu dem, was ich tue, sondern bewege mich wie ferngesteuert. Ich stehe irgendwie neben mir. Nichts spricht mich an und ich schleppe mich initiativlos oder gelangweilt durch den Tag. Und ebenso erreiche ich die anderen emotional nicht mehr. Es fließt nichts zwischen mir und den Menschen, mit denen ich zusammenlebe. Ich sitze zwar mit meiner

Familie oder Partnerin gemeinsam am Frühstückstisch, aber wir haben uns nichts zu sagen. Und wir *wollen* uns auch nichts sagen. Ich lebe isoliert wie auf einer Insel, umgeben von einem Meer der Gleichgültigkeit. Ich komme mir völlig überflüssig vor und kann mich des Eindrucks nicht erwehren: „Ich habe nichts zu geben. Es ist ziemlich ‚wurscht', ob es mich gibt oder nicht."

In solchen Zeiten fühlen wir uns einsam und entfremdet von anderen – und glaubende Menschen gleichzeitig häufig auch von Gott. Wir funktionieren zwar, aber wir bewohnen unser Leben nicht. Wir stehen uns selbst fremd gegenüber und der Gedanke, mit sich selbst befreundet zu sein, klingt merkwürdig hohl.

Natürlich tragen soziale Umstände – manchmal in erheblichem Maße – zu einer solchen Entfremdung bei! Unsere beschleunigten Arbeits- und Lebensverhältnisse bedrohen unsere Fähigkeit zur Resonanz. Doch auch wenn Umstände uns beeinflussen: Sie „machen" uns nicht! Wenn uns die Welt oder unser Alltag nichtssagend und *absurd* vorkommen, dann kann dies auch daran liegen, dass wir taub (lat.: surdus) sind. Vielleicht haben wir kein Ohr für das, was uns begegnet. Oder wir sind taub für unsere innere Welt der Gefühle und Träume, der Intuition und Sehnsucht. Möglicherweise fehlt uns aber auch der Mut, uns zu riskieren und dem Leben unsere unverwechselbare Handschrift einzuschreiben.

Um in Kontakt zu kommen – mit uns selbst und den Mitmenschen, mit der Welt, mit Gott –, müssen wir uns berühren lassen. Doch das ist für uns nicht mehr kinderleicht. Kinder können sich begeistern und hinreißen lassen. Sie vermögen noch vor Freude zu weinen oder sich von einer Musik verzaubern zu lassen. Aber leider verlieren wir diese Fähigkeit im Laufe der Zeit, denn das Leben meint es nicht immer gut mit einem. Ja, Leben verletzt. Unausweichlich machen schmerzliche Erfahrungen wie Verachtung und Gewalt härter und unnahbarer. Wir legen seelische Panzer an, um das Weiche in uns zu schützen. Wir lernen, uns rarzumachen oder sogar in Luft aufzulösen. Dazu kommt, dass unsere Gesellschaft das Rationale hoch schätzt und zunehmend einen technisch-sachlichen Umgang mit allem pflegt. Bis dahin, dass heute viele nicht nur auf Knopfdruck funktionieren müssen, sondern sich auch selbst programmieren, indem sie sich von Rechnern und Messgeräten überwachen lassen.

Um ein couragiertes und sinnvolles Leben führen zu können, müssen wir als Erwachsene daher häufig neu lernen, uns berührbar – und damit auch verletzbar – zu machen und uns zu zeigen. Dies soll natürlich nicht blind und naiv geschehen, sondern ausgewogen. Und doch bleibt der Schritt, sich zu öffnen, immer auch ein Risiko. Es braucht Vertrauen und Glauben. Und darin liegt die Schönheit des Glaubens: das Herz zu haben, etwas zu wagen.

Es kam der Tag, da das Risiko,
in der Knospe zu verharren, schmerzlicher wurde
als das Risiko zu blühen.

Anaïs Nin

3. Zwischen Lust und Last

„Können wir uns mal treffen? Ich stehe vor einer Entscheidung und weiß nicht weiter." Solche Mails haben mich in meiner Arbeit mit jungen Erwachsenen oft erreicht. Während des gesamten Lebens kommen wir immer wieder an Weggabelungen und müssen entscheiden, welchen Weg wir einschlagen. Etwa welche Richtung eine Beziehung nehmen oder wie eine berufliche Laufbahn sich entfalten soll. Das Leben hört nie auf, Fragen zu stellen und Antworten zu verlangen. Doch in jüngeren Jahren, in denen so vieles offen und möglich ist, stellen sich diese Fragen in besonderer Intensität – faszinierend und verheißungsvoll, aber ebenso auch bedrängend und überfordernd. Wer kennt sie nicht, die „Qual der Wahl"?

Tausend Möglichkeiten

Es gibt tausend Möglichkeiten. Doch wenn ich *eine* Möglichkeit ergreife, gebe ich dann nicht möglicherweise neunhundertneunundneunzig andere aus der Hand? Es schmerzt (nicht nur) junge Menschen, sich angesichts der Vielfalt dessen, was sie interessiert, entscheiden zu müssen. Und je mehr reale Möglichkeiten gegeben sind, umso schwerer fällt es auszuwählen. Alles möchte zum Zug kommen: die technische Ader, die Neigung zu Musik, das Interesse an Sprachen und Ländern. Nicht zu vergessen die Vielzahl von Hobbys, insbesondere das Skateboard-Fahren. Doch das Leben zwingt zur Beschränkung. Es führt unweigerlich an Gabelungen heran, an denen gewählt und entschieden werden muss.

Und da hakt es: Jedes Mal, wenn wir uns für etwas ent-*scheiden* – etwa für eine konkrete Ausbildung –, schlagen wir zugleich andere Möglichkeiten aus. Jede Wahl beinhaltet auch Verzichten und Loslassen – in diesem Fall andere Ausbildungen und Berufsperspektiven, die auch attraktiv gewesen wären. Die Furcht, dass wir durch unsere Wahl das Leben schmälern, blockiert. Denn wer weiß, vielleicht kommt ja noch was Besseres daher! Und die Angst vor dem „Möglichkeitsschwund" (Eberhard Jüngel) macht verständlich, warum Entscheidungen oft möglichst lange hinausgezögert oder gleich ganz vermieden werden.

Vor kurzem habe ich eine typische Szene miterlebt: Freitagabend 20 Uhr: Der Vater fragt seinen 16-jährigen Sohn: „Und, was hast du heute Abend vor?" Ein obligatorischer Blick aufs Handy: „Ich gehe ins Kino."

Eine Stunde später fragt der Vater nochmals nach. Es folgt wieder der Blick aufs Handy: „Im Nachtclub am Bahnhof Ehrenfeld steigt ne coole Party."

Um 22.30 Uhr ist der Sohn immer noch zu Hause: „Im Saal im Stadtgarten legt ein toller DJ auf. Da gehe ich hin."

Samstag 0.15 Uhr: Der Vater fragt seinen Sohn: „Und, was hast du noch vor?" Der obligatorische Blick aufs Handy. Und dann ein Schulterzucken: „Ach, ich glaube, das wird heute nichts mehr."

Aus Angst davor, etwas vielleicht Besseres zu verpassen, entscheidet sich der junge Mann lieber gar nicht. Er sieht also die Entscheidung als das Problem an. Doch das ist falsch! Ja: In einer Entscheidung hätte die Lösung gelegen! Denn dann wäre er an dem Abend ausgegangen – anstatt leer auszugehen. Er hätte etwas Konkretes unternommen, anstatt beim Überlegen zu bleiben, was alles möglich wäre.

Diese weitverbreitete Haltung wird verstärkt durch den gesellschaftlichen Imperativ, sich alle Optionen möglichst lang offenzuhalten: „Verbau dir keine Wege, sondern bleibe flexibel!", lautet das Diktum. „Lebe lieber mit angelehnten Türen. Gehe mal in diesen und mal in jenen Raum, anstatt dass du eine Tür endgültig schließt oder eine andere ganz öffnest und hineingehst." Dieser Lebensstil ähnelt dem neuen Oberflächenprogramm von Windows: Wir arbeiten mit einer Vielzahl offener Fenster. Mit einer lässigen Bewegung switchen wir von einem digitalen Raum in den nächsten und halten uns gleichzeitig in mehreren Ebenen auf. Doch in der realen Wirklichkeit sieht das anders aus. Weder können wir uns in mehreren Räumen gleichzeitig bewegen noch beliebig lang alle Türen und

Fenster offen halten. Die Gesetze unserer Welt sind erbarmungslos: Die Zeit lässt sich nicht anhalten, und auch die biologische Uhr läuft unaufhaltsam weiter. Wer sich nicht entscheidet, durch eine bestimmte Tür zu gehen, dem schlägt die Zeit irgendwann die Türen vor der Nase zu. Bewerbungsfristen laufen ab; ein geliebter Mensch wartet nicht unbegrenzt auf das erhoffte *Ja* zur Partnerschaft und auch die Entscheidung, ein Kind zu bekommen, lässt sich nicht beliebig lange aufschieben.

Du kannst dir nicht ein Leben lang
die Türen alle offen halten,
um keine Chance zu verpassen.
Auch wer durch keine Türe geht
und keinen Schritt nach vorne tut,
dem fallen Jahr für Jahr
die Türen, eine nach der anderen, zu.
Wer selber leben will, der muß entscheiden:
Ja oder Nein –
im Großen und im Kleinen.
Wer sich entscheidet, wertet, wählt
und das bedeutet auch: Verzicht.
Denn jede Tür, durch die er geht,
verschließt ihm viele andere.
Man darf nicht mogeln und so tun,
als könne man beweisen,
was hinter jener Tür geschehen wird.
Ein jedes Ja
– auch überdacht, geprüft –
ist zugleich Wagnis
und verlangt ein Ziel.
Das aber ist die erste aller Fragen:

Wie heißt das Ziel,

an dem ich messe Ja und Nein?

Und: Wofür will ich leben?

Paul Roth

Wofür will ich leben? Worauf kommt es mir an? – Angesichts der nicht nur sprichwörtlich tausend Möglichkeiten treffen wir hier auf einen weiteren Grund, warum die Wahl zur Qual werden kann: Die riesige Palette an Angeboten erleichtert nicht gerade das Auswählen! Dies beginnt bei ganz banalen Alltagsdingen, etwa beim Brillenkauf. Da stehe ich vor einer Fülle an Gestellen – in einer mitteldeutschen Kleinstadt werden, wie ich hörte, etwa 6000 Modelle geführt – und soll da noch wissen, was mir steht! Im Supermarktregal türmen sich 23 verschiedene Joghurtsorten neben- und übereinander. Eine Fülle an Marken, Moden und Lebensstilen ... – und bis ans Ende der Welt ist via Internet das Angebot und der dazugehörige Austausch präsent. Noch nie in der Geschichte war so vieles möglich. Doch diese Fülle an Optionen und Angeboten droht einen auch zu überfordern.

Hinzu kommt ein spezifisches Phänomen unserer Zeit: Unsere Welt verändert sich in rasanter Geschwindigkeit. Während es vom Jahr 1800 an noch etwa 100 Jahre dauerte, um das Menschheitswissen zu verdoppeln, braucht es dafür heute nur noch drei Jahre. Technische Errungenschaften erschließen ungeahnte Räume. Was vor fünf Jahren als gute Altersvorsorge galt, wird längst müde belächelt. Auch Wertmaßstäbe sind in ständigem Fluss, und Ideale, die heute noch in aller Munde sind, gelten morgen bereits als veraltet.

All diese Entwicklungen erschweren es, sich zurechtzufinden und zu orientieren. Und in der Folge natürlich auch, sich zu entscheiden.

Wahlsituationen ähneln Weggabelungen: Wer die Orientierung verloren hat und sich nicht auskennt, steht an jeder Kreuzung ratlos da. Ähnliche Schwierigkeiten tun sich beim Wählen auf. Wer nicht weiß, was er will, vermag sich kaum Ziele zu setzen, die seinem Leben eine Perspektive über den Tag hinaus geben. Ohne einigermaßen klare Vorstellungen, was einem wichtig und wertvoll ist, droht jede Entscheidung äußerst mühsam zu werden. Und dazu sitzt einem auch noch die Angst im Nacken, man könnte sich für etwas Falsches entscheiden …

Im Folgenden finden Sie Hinweise, was es für eine *gute und tragfähige Entscheidung* braucht. Konkret entfalte ich drei Punkte, die es zu berücksichtigen gilt. Die Bedeutung dieser drei Aspekte reicht jedoch weit über jegliche Entscheidungssituation hinaus, denn es handelt es sich um *Grundbestandteile eines stimmigen Lebens*.

Selbst wenn bei Ihnen derzeit keine wichtige Entscheidung ins Haus steht, lohnt es sich also weiterzulesen. Vielleicht fragen Sie sich, wie Tätigkeiten aussehen können, die Sie wirklich als sinnvoll und erfüllend erleben. Möglicherweise leiden Sie unter dem Eindruck, dass Sie mit angezogener Handbremse durch den Alltag zuckeln. Oder umgekehrt daran, dass Sie mit Überschallgeschwindigkeit durchs Leben und am Leben vorbeirauschen. Womöglich sind Sie neugierig, warum Sie sich gerade so pudelwohl fühlen und alles passt. Auf den folgenden Seiten werden Sie Hinweise dazu finden, was es für ein gutes und erfülltes Leben braucht – beispielhaft verdeutlicht an der Frage: Wie treffe ich eine stimmige, sinnvolle Wahl? Viele Gedanken werden Sie bereits aus anderen Abschnitten des Buches kennen, was auch naheliegt. Denn wenn Sie gute Entscheidungen treffen oder Ihr Leben stimmig gestalten, ist dies ein wunderbares Bekenntnis zur Freundschaft mit sich selbst.

Ein festes Fundament

Für eine tragfähige Entscheidung braucht es zuallererst ein gutes Fundament. Denn wie ein auf Sand gebautes Haus einem Sturm nicht standhält, so bricht eine auf wackeligem Boden stehende Entscheidung irgendwann wie ein Kartenhaus in sich zusammen. Die Grundlage für eine stimmige Entscheidung baut sich wesentlich aus den Stärken und Schwächen auf, die Sie Ihr Eigen nennen.

Jeder und jedem von uns sind bestimmte Stärken und Begabungen in die Wiege gelegt. Diese Gaben machen sich zugleich als Aufgaben bemerkbar, denn sie wollen entfaltet und realisiert werden. Das kennen Sie sicher aus vielen Begebenheiten: Wenn Sie Ihre Talente und Fähigkeiten ins Spiel bringen (können) und mit anderen teilen, fühlen Sie sich lebendig und mit sich im Einklang. Bleiben Ihre Fähigkeiten hingegen brachliegen, weil Sie diese zum Beispiel nicht einsetzen können, dann machen sich Empfindungen wie Frust, Groll oder Leere breit. Das bedeutet: Eine gute Wahl hängt damit zusammen, dass Sie Möglichkeiten, die in Sie hineingelegt sind, verwirklichen. Und damit sich selbst verwirklichen. *Werde, die du bist!* oder *Werde, der du bist!* bringt Pindar diesen inneren Drang auf den Punkt.

Auch in diesem Fall möchte ich Ihnen einige Fragen zur Selbsterkundung anbieten: Worin liegen meine Begabungen und Stärken? Was fällt mir leicht und geht mir locker von der Hand? Was lerne ich umgekehrt nur mit größter Mühe oder gelingt mir nur mit zusammengebissenen Zähnen? Was macht Freude und was langweilt mich, stößt mich ab? – Nehmen Sie sich ruhig etwas Zeit und ein leeres Blatt zur Hand.

Sie können sich bestimmt auch an Zeiten erinnern, in denen Ihr Leben „im Fluss" war, und im Blick auf diese Situationen darüber nachdenken: Was brauche ich, um (auf-)leben zu können? Und schließlich: Was waren meine größten Krisen? Was sagen diese über mich und das, was ich zum Leben brauche? Was sagen sie über die Grenzen meiner Kraft und Fähigkeiten?

„Werde, der du bist! Werde, die du bist!" Im Blick auf diese grundlegende Lebensdynamik gibt es zwei Weisen, wie man vom Weg abkommen und rechts oder links in einen Graben fallen kann: die Tiefstapelei und andererseits die Überforderung.

Auf die *Tiefstapelei* sind wir bereits bei der Überlegung, das eigene Licht nicht unter den Scheffel zu stellen, sondern es leuchten zu lassen (siehe Seite 97–104) gestoßen. Es gibt Menschen, die zu keiner echten Freundschaft mit sich selbst finden, weil sie nicht *das* aus ihrem Leben machen, was sie eigentlich könnten. Sie bringen die Talente, die ihnen in die Wiege gelegt worden sind, nicht in trockene Tücher – vielleicht, weil sie sich dies nicht zutrauen. Durch diesen mangelnden Mut manövrieren sie sich in eine Unzufriedenheit und sterile Leblosigkeit. Sie bleiben auf ihren Gaben „sitzen" und ihre Persönlichkeit wirkt sonderbar blass und farblos.

Wenn Sie mit der Bibel vertraut sein sollten, fällt Ihnen vermutlich das Gleichnis von den Talenten ein (vgl. Matthäus 25,14–30). „Talent" bezeichnete damals eine Währungseinheit. Jesus erzählt, dass ein Herr verschiedenen Dienern Geld anvertraut. Einer vergräbt das ihm anvertraute Vermögen aus Angst, ihm könnte hinterher bei der Abrechnung etwas fehlen. Seine Angst verleitet ihn, auf Nummer sicher zu gehen und alles dranzusetzen, ja keinen Fehler zu begehen. Sie treibt ihn dazu, sich und sein Leben zu kontrollieren, doch dadurch erreicht er das genaue Gegenteil. Im Vergleich mit seinen Kollegen, die es wagen, ihre Talente einzusetzen und sich auf das Leben einlassen, wird nämlich deutlich: Sein Dasein ist im Vergleich zu dem seiner Kollegen fad und leer. Mit seinem Perfektionismus und Sicherheitsdenken schneidet er sich vom Leben ab.

Weil er an allem festhält, geht er am Leben vorbei. Diejenigen hingegen, die ihr Leben wagen, gewinnen es.

Indem Jesus mit drastischen Worten die Konsequenzen einer solch selbstsichernden Einstellung beschreibt, will er jene wachrütteln, die mit ihren Kräften und Möglichkeiten zugleich auch sich selbst begraben. Und er ermutigt in dieser wie in vielen anderen Geschichten, dass wir hinter unseren Begabungen und Möglichkeiten nicht zurückbleiben, sondern sie zum eigenen Wohl und zum Wohle anderer verwirklichen – im Vertrauen auf jenen Gott, dem wir unsere Talente und Möglichkeiten verdanken.

Aber wir verfehlen uns nicht nur, wenn wir hinter uns zurückbleiben, sondern ebenso, wenn wir uns auf Dauer selbst *überfordern* oder überfordern lassen. Die Gefahr, dass wir in diesen gegenüberliegenden Straßengraben hineinschlittern, liegt in unserer leistungsorientierten Gesellschaft näher denn je. Durch gnadenlose Sachzwänge im Arbeitsleben oder belastende Lebensumstände werden viele in die Überforderung hineinmanövriert. Ebenso lässt sich dem gesellschaftlichen Zwang zur Selbstoptimierung nur schwer entfliehen. Mich persönlich kann beispielsweise das Gefühl, anfallenden Aufgaben nicht bestmöglich gerecht zu werden, immens stressen. Der Druck hat mir schon manche ruhige Nacht und die Freude an einer Tätigkeit geraubt.

Doch genau an diesem Punkt kommt unsere Freiheit ins Spiel. Oft überfordern wir uns nämlich durch unsere eigenen, zu hoch gesteckten Ideale und Ziele. Da strebt etwa eine 25-Jährige „auf Teufel komm raus" einen universitären Abschluss an, ohne genügend intellektuelle Fähigkeiten dafür mitzubringen. Da kennt ein Rechtsanwalt nur einen Weg: die Leiter nach oben – bis er irgendwann einen Posten annimmt, dem er nicht mehr gewachsen ist. Aber obwohl es ihm hundeelend geht, räumt er seinen Chefsessel nicht, denn

Einkommen und Ansehen sind ihm dafür viel zu wichtig. Oder jene Mutter, die den Haushalt schmeißt, als Chauffeurin ihre drei Kinder zu diversen Freizeitveranstaltungen und Freundinnen fährt, halbtags arbeitet, sich in den Schulelternbeirat wählen lässt und sich in einer Bürgerinitiative für eine Begrünung ihres Stadtteils einsetzt. Als der Bürgermeister ihr Engagement bei der Einweihung des neu gestalteten Marktplatzes nicht würdigt, wirft sie erschöpft und wütend den Bettel hin. Vor lauter Einsatz für andere hat sie ihre eigenen Bedürfnisse etwa nach Erholung und Anerkennung unter den Teppich gekehrt, bis sie in der Krise mit voller Wucht darüber stolpert.

Eigene Grenzen einzugestehen fällt vielen ziemlich schwer. Und darin liegt ja auch ein Charakteristikum des Menschen, dass er sich mit Grenzen nicht resignativ abfinden, sondern sie überwinden will. Der Fortschritt der Menschheit verdankt sich diesem Stachel, Schranken einzureißen, Grenzen zu überwinden und Neuland zu entdecken. Und besonders junge Menschen spüren den Drang, sich selbst auszuprobieren und vorgegebene Begrenzungen zu überspringen. Doch ein realistischer Blick auf sich selbst weist einen irgendwann wieder in die Schranken. Der eigene Körper, Auffassungsgabe und Lernfähigkeit, technische und kommunikative Fähigkeiten unterliegen Gesetzmäßigkeiten, die sich nur im begrenzten Maße beiseiteschieben lassen. Rennen wir auf Dauer gegen diese Grenzen an, kommt das einer Kriegserklärung gleich. Akzeptieren wir sie hingegen, kehrt Frieden ein.

„Umfriedung" ist ein altes Wort für den Grenzzaun. Eine Mauer markiert und sichert eine Grenze und umschreibt zugleich einen Lebensraum. Es kann sehr wohltuend sein, sich an der Mauer der eigenen Begrenzungen nicht ständig den Kopf blutig zu rennen, sondern sich stattdessen umzudrehen und zu entdecken: „Innerhalb deines Grenzzaunes liegt ein Garten, in dem du leben kannst.

Vielleicht erscheint er dir klein. Aber es ist dein ganz persönlicher Lebensgarten! Wenn du in deinem Wählen und Handeln deine Grenzen akzeptierst, dann kannst du in Frieden kultivieren, was dein Garten bereithält, und aufblühen. Wenn du pfleglich mit dir und deinen Grenzen umgehst, dann wächst die Freundschaft mit dir wie von selbst."

„Werde, der du bist! Werde, die du bist!" – Möglicherweise stehen Sie an einem Scheideweg und fragen sich, welche Richtung Sie einschlagen sollen. Vielleicht erscheint Ihnen Ihr Alltag fad und grau und Sie wollen daran was ändern. In all diesen Fällen wird Ihnen ein gutes Gespür für Ihr eigenes *Ich* mit seinen Stärken und Schwächen, mit seinen vitalen Interessen, seinen Verwundungen und Grenzen weiterhelfen. Wenn Sie (auf) Ihre Gaben und Grenzen achten und Ihrer Biografie Rechnung tragen, dann gehen Sie einen wichtigen Schritt auf dem Weg zur Freundschaft mit sich selbst. Sie wird tragfähiger und belebender. Denn zur Kunst, mit sich selbst befreundet zu sein, gehört es, die eigenen Talente aktiv zu entfalten und sinnvoll einzusetzen. Und ebenso beinhaltet die Freundschaft mit sich, dass die eigenen Grenzen und Unausgegorenheiten, die Schwäche und Kraftlosigkeit Platz haben. Dass wir sie annehmen, respektieren, ja, möglicherweise sogar umarmen lernen.

Die Bibel spricht in diesem Zusammenhang vom heilen Leben, vom ganzen Leben. „Gehe vor meinem Angesicht und sei ganz" (Genesis 17,1), spricht Gott zu Abraham. Das bedeutet: Werde ganz du selbst. Und der Weg dorthin, den kennst du: Je mehr du ‚vor mir wandelst', umso mehr wirst du du selbst. Anders gesagt: Je mehr du dich vertrauensvoll im Licht der Liebe bewegst, umso mehr blühst du auf.

„Jeder hat seinen Mount Everest." Davon ist Peter Habeler, die Bergsteigerlegende Österreichs, überzeugt. Er meint damit, dass in jedem etwas Starkes wohnt. Der Everest steht für die Kraft, sich zu überwinden. Die Fähigkeit und das Wagnis, die persönliche Komfortzone zu verlassen und über sich hinauszuwachsen. Das innere Drängen, dem eigenen Leben Ziele einzuschreiben, die über das Klein-Klein des Alltags hinausreichen. Der Everest steht für Visionen und Werte, die unserem Hier und Jetzt Richtung und ‚drive' geben.

Mit diesem Gedanken berühren wir den zweiten Aspekt, der für eine gelingende Entscheidung von grundlegender Bedeutung ist und der bereits im Text von Paul Roth angeklungen ist. „Das ist die erste aller Fragen: Wie heißt das Ziel, an dem ich messe Ja und Nein? Und: Wofür will ich leben?"

Worauf lege ich viel Wert? Was ist wirklich von Bedeutung für mich? – Vor diesen Fragen stehen wir, wenn wir nach einer richtigen Entscheidung oder einer stimmigen Lebensgestaltung suchen. Denn in jeder und jedem brennt das heimliche Verlangen: Ich möchte das, was ich aus mir und meinem Leben mache, zufrieden und dankbar bejahen können. – Dieses Verlangen umschreibt mit anderen Worten das Ziel, in der Freundschaft mit sich selbst zu wachsen.

Daher glaube ich, dass die Aufforderung Pindars: „Werde, die du bist. Werde, der du bist", nur einen Teilaspekt gelingenden Lebens trifft. Sie ist um die Perspektive zu ergänzen: *Wer du bist, wirst du durch die Ziele, die du dir zu eigen machst. Wer du bist, wirst du durch das, wofür du brennst. Wofür du lebst.*

Es gehört zum Wichtigsten in Ihrem Leben zu wissen, was Ihnen wirklich wichtig ist! Entwickeln Sie davon eine klare Vorstellung, dann steht Ihnen ein inneres Navi zur Verfügung. Wenn Sie an eine Weggabelung des Lebens kommen, werden Sie sich besser orientieren und leichter die richtige Richtung einschlagen können. Sie haben Kriterien an der Hand, mittels derer Sie verschiedene Möglichkeiten und Ziele abwägen können. Wenn Sie ein inneres Bild von dem entwickeln, was Sie mit Ihrem Leben anfangen wollen, dann haben Sie etwas vor Augen, das Ihr Leben sammelt und bündelt. Sie wissen, warum Sie tun, was Sie tun. Dies setzt eine große Schubkraft und positive Energie frei, mit der Sie Ihre Gegenwart und Zukunft sinnvoll gestalten können.

Um der eigenen „Mission" näherzukommen und um auf den Punkt zu bringen, worauf es einem ankommt, gibt es zahlreiche Anregungen und Experimente. Viele davon sind für draußen angelegt, und oft habe ich in Kursen erleben können: Wer sich der Natur in ihrem ständigen Wandel und dem Wechsel von Tag und Nacht, von Wärme und Kälte aussetzt, der macht Erfahrungen, die seine eigene innere Wandlung und Wahrheit spiegeln können. Wer sich aussetzt, entdeckt oft in größerer Klarheit, wofür er sich einsetzen will. Wer er oder sie sein will. Für viele erweisen sich aber auch Imaginationsübungen als hilfreich, denn diese aktivieren nicht allein das Denken, sondern sprechen ganzheitlich an. Wenn Sie Interesse und Freude daran haben, sich auf folgende Anregungen einzulassen, dann empfehle ich Ihnen, die Übungen spontan und zügig zu machen. Denn dann hat Ihr intuitives Gespür mehr Chance, zum Zug zu kommen.

- Angenommen, ich hätte zwei Leben zur Verfügung – wie würde mein zweites Leben aussehen?
- Ich mache eine Fantasiereise in die Zukunft und schreibe meinen eigenen Grabspruch. Was soll auf meinem Grabstein stehen? „Hier ruht ___ der / die _____." (Denken Sie daran: Auf einen Grabstein passt kein Roman.)

- Welche zwei bis drei Personen aus Vergangenheit oder Gegenwart faszinieren mich? Und warum?
- Wenn Sie einen Bezug zur Person Jesu haben sollten: Ein bevorzugtes Bild – aus der Kunst, Literatur oder Bibel – von der Person Jesu ist für mich folgendes:
- Was müsste die Welt mir bieten, damit ich aus vollem Herzen lebe? (Diese Frage weckt Wünsche und Interessen und Sie werden vermutlich entdecken, dass Sie selbst für vieles Sorge tragen können.)
- Wenn Sie darunter leiden sollten, im Konjunktivmodus dahinzuschlurfen, anstatt zu leben, was Sie „eigentlich" wollen: Worin liegen meine Hoffnungen und Träume für mein Leben? Welche Möglichkeiten sehe ich, mich ihnen (wieder) anzunähern?
- Abschließend können Sie Ihre Antworten auf sich wirken lassen und sich fragen: Entdecke ich einen – verborgenen – roten Faden, der sich durch die verschiedenen Punkte zieht?

All diese Fragen wollen eine Stimme zu Gehör bringen, die in Ihnen und die in jedem Menschen spricht: die Stimme der *Sehnsucht*. Diese – mal mehr oder weniger hörbare – innere Stimme ist ein Maßstab, um zu erfahren, was ich will, was ich soll und was nicht. Doch der inneren Stimme droht Gefahr. Durch den Betrieb des Alltags, durch Enttäuschungen, durch ein Zuviel an Aktivität und Konsum kann die Sehnsucht fast ausgelöscht werden. Doch ihr heimliches Feuer glüht unter der Asche. Wer den Mut hat, sich durch Erlebnisse erschüttern und so neuen Wind in sein Leben bringen zu lassen, in dem entfacht sich das Feuer aufs Neue. Und wer den Mut hat, Stille auszuhalten, wird die innere Stimme in neuer Klarheit vernehmen. Denn die Stille ist der Ort, an dem sich das Herz traut zu sagen, was uns der Verstand vielleicht schon seit langem auszureden versucht.

Es beeindruckt mich immer wieder, wenn in Seminaren oder in spirituellen Schweigewochen (in sogenannten „Exerzitien") Menschen *ihren* Mount Everest entdecken. Wenn sie erkennen und entwickeln, wofür sie leben wollen. Wenn sie ergreifen, wer sie in der Tiefe wirklich sein wollen. Eine ungeahnte Begeisterung und Freude zieht in das Leben dieser Leute ein und ein Schub positiver Energie ist die Folge.

Die Verwandlung, die mit ihnen vorgeht, ähnelt der Geschichte vom Adler: Ein junger Adler wurde in einem Hühnerhof großgezogen. Er hüpfte herum wie ein Huhn, pickte wie das Federvieh die Körner vom Boden und flatterte allenfalls einen Flügelschlag weit. Er wusste nicht, dass er in seinem Herzen ein Adler war. Als er eines Tages den freien Himmel und die Sonne erblickte, da erwachte in ihm die verschüttete Sehnsucht. Er spürte, dass er ebenso sehr der Weite des Himmels gehörte wie der Lebenskraft der Erde. Er breitete seine Flügel aus, schwang sich empor und flog der Sonne entgegen.

Wo *Ihr* Mount Everest liegt, oder anders gesagt: Wozu Sie im Herzen berufen sind, das können nur Sie entdecken und entfalten. Denn die Frage nach dem Sinn des eigenen Lebens lässt sich nur persönlich beantworten. Das heißt: Sie sind gefragt! Die Ziele und Werte, die Ihrer innersten Sehnsucht und Berufung entsprechen, können Sie allein im Dialog mit sich und mit der Welt – und, als glaubender Mensch, mit Gott – erkennen und entwickeln. Dabei gilt es, im Blick zu behalten: Dasselbe Recht und dieselbe Würde kommen auch Ihren Mitmenschen zu. Die eigene Freiheit endet dort, wo sie das Leben und die Freiheit eines anderen einschränkt.

Was Märchen und Mythen, Religionen und Kunst durch die ganze Menschheitsgeschichte in vielen Bildern zur Sprache bringen, das weisen heute auch zahlreiche psychologische Forschungen nach: Wir erfahren unser Leben in dem Maß als sinnvoll, in dem wir in der Hingabe an eine Person oder im Dienst an einer Sache aufgehen. Ein Tag fühlt sich prall und gut an, wenn wir uns in einer sinnvollen Tätigkeit verausgaben, die unserem Können entspricht (davon lebt der sogenannte ‚flow‘). Und ebenso, wenn wir uns in liebevoller Zuneigung hingeben oder uns für Menschen einsetzen.

Immer wieder begegnen mir Frauen und Männer, Junge und Alte, die mir mit leuchtenden Augen von einem Engagement erzählen, das sie erfüllt: das Kicken mit jungen Burschen in einem Jugendtreff, der regelmäßige Besuchsdienst in einem Krankenhaus, die Mitarbeit in einer Kleiderkammer für Flüchtlinge ... Es macht glücklich, jemanden glücklich zu machen. Materielle Werte hingegen wie etwa Besitz oder Konsum oder auch das Streben nach Vergnügen und Spaß können einen auf Dauer längst nicht so befriedigen.

Ich bin davon überzeugt: Wer nur oder wer vor allem nach materiellen Dingen strebt oder um das eigene Ich – etwa um Ansehen, Erfolg, Beliebtheit oder Gesundheit – besorgt ist, lebt unter seinem Niveau. Er gleicht dem Adler im Hühnerhof, der vergessen hat, was in ihm steckt. Als der Adler seine Bestimmung entdeckt, durchströmt ihn eine ungeahnte Energie und er spürt, zu welcher Größe und Schönheit er berufen ist.

In Menschen wohnt ein innerer Drang, nicht an sich selbst kleben zu bleiben und das eigene *Ich* nicht zum Mittelpunkt des Lebens zu stilisieren. Denn eine solche ichbezogene Haltung wird auf Dauer eine ziemlich einsame Angelegenheit und darüber hinaus sterbenslangweilig. Vielmehr wohnt im Herzen eines jeden Menschen die Sehnsucht, sich für andere und anderes zu öffnen und sich zu verschenken. Wenn wir uns selbst aus den Augen verlieren, weil wir ganz bei einer Sache oder einem Menschen sind, dann durchströmt uns ein tiefes Glück. Dies kann geschehen im Erkennen und Forschen, in der Pflege von Beziehungen, im Engagement für ein menschliches und gerechtes Miteinander, im schöpferischen

Tun oder im Staunen über das Schöne. Bereits die biologische Programmierung auf Verbundenheit legt die Grundlage dafür, dass Lieben und Geliebtwerden die innigste Weise ist, wie sich Leben entfaltet und ausdrückt. Kein Wunder, dass vor allem Liebende ein Lied vom Glück der Selbstvergessenheit singen können. In solchen Momenten berühren wir die Tiefe und Fülle des Lebens. In solchen Momenten berühren sich Himmel und Erde.

Traum und Wirklichkeit

Die dritte Komponente einer tragfähigen Entscheidung und gelingenden Lebensgestaltung betrifft die „äußere" Realität. Zum einen gilt es natürlich, eine gute Balance zu finden zwischen dem, was wir anstreben und wollen, und den konkreten Umständen und Möglichkeiten. Sonst bauen wir Luftschlösser und stürzen irgendwann erbarmungslos ab. Ein gesunder Realismus hingegen gibt Boden unter den Füßen.

Zum anderen hat die Wirklichkeit, der wir begegnen, uns etwas zu sagen. Vielleicht stellt uns die Situation, in der wir uns hier und jetzt vorfinden, infrage. Oder sie fasziniert, lockt, fordert auf… Wenn Peter Habeler davon spricht, dass jeder Mensch seinen Mount Everest hat, dann steht der Everest wohl auch für die Erfahrung, dass „der Berg ruft". Als jemand, die am Meer groß geworden ist, habe ich diesen Ruf lange nicht gekannt. Da rief mich eher der Sturm, voll in die Segel zu greifen. Doch in unserem Zusammenhang geht es natürlich um ein Bild für die Erfahrung, dass das Leben einen zu etwas ruft.

Kennen auch Sie solche Erfahrungen? – Da begegnen Sie jemandem oder stoßen auf etwas, und das Leben zeigt sich Ihnen auf einmal in seiner unerwarteten Fülle. Sie fühlen sich fasziniert, angesprochen oder herausgefordert. Sie merken: „Da will, ja da muss ich drauf einsteigen. Das darf ich nicht links liegen lassen, sondern das gilt es zu ergreifen, zu tun, zu verwirklichen."

So ging es etwa einer Wirtschaftsingenieurin, die im Rahmen eines Traineeprogramms in ihrem Unternehmen den Bereich Programmierung und Softwareentwicklung kennenlernte. In kürzester Zeit wurde ihr klar: „Das ist mein Ding! In dem Bereich will ich arbeiten!" Oder jener pensionierte Lehrer, der vom Blick eines aus Syrien geflohenen Kindes getroffen wurde und betroffen spürte: „Ich kann nicht so tun, als ob mich das nichts angeht. Hier bin ich gefragt!" Noch in derselben Woche bot er sich bei einer Hilfsorganisation als Sprachlehrer an. Gut erinnere ich mich auch, als mich vor einigen Jahren in einer Schweigewoche ein Bibelwort tief erschütterte und eine neue Spur in mein Leben brachte.

An diesem Punkt stoßen wir erneut auf jene wichtige Haltung, die sinnerfülltem Leben zugrunde liegt: auf die Fähigkeit, einem Menschen aufgeschlossen zu begegnen und Dinge oder Situationen an sich herankommen zu lassen. Auf die Bereitschaft, sich ansprechen, berühren, ja erschüttern zu lassen, anstatt nur im – zweifelsohne wichtigen – Arbeitsmodus zu existieren. Und zugleich braucht es die Fähigkeit, sich in diesen Begegnungen nicht auf Dauer zu verlieren, sondern auch wieder zu sich zurückzukommen. Auf die innere Stimme zu hören und dem eigenen Gespür gemäß zu leben. Die Bälle aufzugreifen, die einem das Leben zuspielt – oder eben auch zu widerstehen.

Für eine solch dialogische Begegnung mit der Wirklichkeit braucht es Zeit! Wenn ich mit Überschallgeschwindigkeit durchs Leben rase, hochaktiv und ständig auf Achse, dann vergehen mir bei diesem Tempo Hören und Sehen. Da brauche ich mich nicht zu wundern, wenn sich beispielsweise in meinem Leben keine langfristige Partnerschaft entwickelt, obwohl ich es mir doch eigentlich so sehr wünsche (ein Thema vieler junger und nicht mehr ganz so junger Akademikerinnen und Akademiker). In eine echte Resonanzbeziehung einzutreten, sodass mir der Mensch, dem ich gerade begegne, oder das Buch, das ich lese, wirklich etwas sagen können, dafür braucht es Zeit und ein hörendes Herz.

Und nur wenn wir eine solche Haltung einnehmen, hat Solidarität eine echte Chance! Wir leben in Zeiten einer geradezu verbissenen Glückssuche im Privaten. Der Trend, sich ins Persönliche zurückzuziehen, nimmt zu, und die Gleichgültigkeit gegenüber der eigenen gesellschaftlichen Verantwortung wächst. Wer berührbar ist, in dessen Innern kann die Sorge erwachen für jene, die am Rand stehen. Wer erschütterbar ist, dem kann die fürchterliche Not von Menschen, die unter Gewalt und Unrecht leiden, unter die Haut gehen.

In eindrücklicher Weise illustriert Bert Brecht in seinem Stück „Der kaukasische Kreidekreis", wie in einem Menschen die tätige Sorge für den anderen erwacht: Nach einem Staatsstreich gegen den Großfürsten wird der wohlhabende Gouverneur hingerichtet. Seine Frau kann den Wirren des Aufstands entkommen, aber um ihr Leben zu retten, lässt sie ihren kleinen Sohn Michel einfach zurück. Auch die Magd Grusche will fliehen. Doch da hört sie das leise Wimmern des Kindes und geht zurück, um das Baby noch einmal anzusehen, für ein paar Augenblicke bei ihm zu sitzen, bis jemand anders kommt und hilft.

Als sie so die Nacht bei dem Kind verbringt, merkt sie, wie sie Michel nicht allein lassen kann. Sie kann sich ihm nicht entziehen, die Verbindung zu dem kleinen Wurm ist zu stark. Im Morgengrauen nimmt sie den kleinen Jungen schließlich mit einem Seufzer auf den Arm…

Wie kommt es, dass das kleine Kind nicht stumm bleibt, wie kommt es zur „Verführung der Güte", wie Brecht das Geschehen nennt? Die Magd Grusche lässt sich vom Blick des Kindes verlocken. Das Kind hat sie gewissermaßen adoptiert. Der Blick des bedürftigen Kindes hat sie zu der gemacht, die sie ist: zur Mutter. Auch hier gilt der Satz Martin Bubers: „Der Mensch wird am *Du* zum *Ich*."

Hier stoßen wir auf ein wesentliches Merkmal des christlichen Glaubens: Um Gott zu finden, muss der Mensch weder in die Ferne schweifen noch in den Himmel schauen. Er braucht keine weiten Wallfahrten zu besonderen Heilern zu unternehmen oder sich in karge Ashrams zu flüchten. Denn im Licht des christlichen Glaubens betrachtet ist das ganz normale menschliche Leben das bevorzugte Gelände, in dem sich Gottes Spuren finden lassen. Es reicht, aus sich selbst herauszugehen und den Mitmenschen zu begegnen, um ganz überraschend auf Gott zu treffen. Im Nächsten, vor allem aber im Bedürftigen und Unterdrückten begegnet der göttliche Anspruch. Um Gott zu finden, braucht es also nur eines: Menschlichkeit.

Zur richtigen Zeit am richtigen Ort

Die Kunst, mit sich selbst befreundet zu sein, hat viel damit zu tun, gute Entscheidungen zu treffen und das Heute stimmig zu gestalten. Zum einen gilt es, dass wir unseren Stärken und Schwächen sowie unserer Biografie Rechnung tragen. Diese bilden das tragfähige Fundament einer guten Entscheidung und einer gelingenden Lebensgestaltung. Zum anderen müssen wir unserer Sehnsucht und der tiefen Intuition, wofür wir leben wollen, Raum geben. Dazu gehört auch, dass wir eine Vorstellung von entsprechenden Lebenszielen und Werten entwickeln und uns an ihnen orientieren. Und schließlich gilt es, ganz Ohr zu sein für das, was uns begegnet. Denn die Wirklichkeit hat uns etwas zu sagen, und die äußeren Gegebenheiten und Umstände wollen berücksichtigt werden.

Diese drei Pole – erstens das *Können*, zweites das *Wollen* und drittens das *Angesprochen-* oder *In-Anspruch-genommen-Sein*, anders gesagt: das Sollen – stehen häufig in Spannung zueinander. Etwa: Jemand träumt von einem Einsatz als Krankenpfleger in der Entwicklungshilfe. Doch die eigene Gesundheit oder die Sorge um den pflegebedürftigen Vater lassen es nicht zu. Oder jemand möchte seine musikalische Begabung weiterentwickeln, doch der Job erlaubt es ihm derzeit nicht.

Solche Spannungen erleben wir tagtäglich. Sie sind normal. Und darüber hinaus sind sie auch wichtig! Denn wenn eine *gesunde Spannung* zwischen diesen Polen herrscht – etwa zwischen dem, was Sie können, und dem, was Sie wollen –, entsteht eine positive Lebensenergie. Diese verleiht Ihnen den Elan, das Leben kraftvoll zu gestalten, ohne sich dabei zu überfordern oder zu unterfordern. Ein Bild aus der Elektrizität kann dies verdeutlichen: Herrscht zwischen zwei Polen eine zu niedrige elektrische Spannung, kann die Lampe nicht leuchten. Ist die Spannung zu hoch, brennt die Birne durch und es kommt zum Burnout. Eine gute, ausgewogene Spannung hingegen bringt die Lampe dauerhaft zum Brennen.

Vielleicht denken Sie: „Eine gesunde Spannung – leichter gesagt als getan!" Da kann ich Ihnen nur zustimmen. Immer wieder erlebe ich es nämlich als einen *Balanceakt*, meine Wünsche, die konkrete Wirklichkeit mit ihren Anforderungen und Möglichkeiten und mein tatsächliches Können in ein ausgewogenes Verhältnis zu bringen – zumal diese Pole ja ständig im Fluss sind. Manchmal fühlt es sich an wie eine Gratwanderung zwischen unaufhebbaren Gegensätzen. Und stets neu passiert es, dass ich das gute Maß verfehle und in die eine oder andere Richtung abrutsche – wie jemand, die beim Autofahren mal rechts oder links im Straßengraben landet. Meistens ärgere ich mich in solchen Fällen spontan über mich und gebe mir – der innere Nörgler lässt grüßen (siehe Seite 105–117) – noch eine seelische Ohrfeige. Etwa: „Hast du immer noch nichts gelernt? Du müsstest doch eigentlich wissen, dass..." Aber glücklicherweise fällt mir zunehmend schneller mein Vorhaben ein, die Freundschaft mit mir zu vertiefen, und ich frage mich: „Wie würde in dieser Situation eine gute Freundin mit dir reden: Würde sie dich auch so niedermachen wie du dich selbst?" Natürlich nicht! Wenn ich mir dann mit mehr Wohlwollen begegne, sehe ich: „Es ist völlig normal, mal die Balance zu verlieren und im Graben zu landen. Sei also nicht so hart zu dir selbst. Es ist okay, wenn du fällst."

Ich gewinne immer mehr den Eindruck, dass es sich bei diesem mehr oder weniger gelingenden Balanceakt um eine weitverbreitete Art und Weise handelt, sich vorwärtszubewegen: Wer mal in den rechten oder linken Graben rutscht und sich wieder aufrappelt, der hält sich auf diese Weise zumindest ungefähr in der Mitte der Straße.

Mit sich selbst befreundet sein zeigt sich also darin, dass wir je neu nach einer Balance suchen. Das kann Verschiedenstes beinhalten: Vielleicht bedeutet es, dass Sie etwas loslassen müssen, an dem Sie bislang festhalten. Dass Sie überfordernden Ansprüchen anderer widerstehen oder umgekehrt, dass Sie den Stimmen anderer mehr Gehör schenken. Dass Sie Ihre Stärken und Kompetenzen erweitern oder sich in einer konkreten Sache mehr ins Zeug legen...

Es wird deutlich: Zur Kunst, mit sich selbst befreundet zu sein, gehört, dass wir uns immer wieder neu auf das *Hier und Jetzt* einstimmen. Sie hat also viel mit Flexibilität und Offenheit und darin zugleich mit Treue und Loyalität zu tun. Die Psychologen Judith Lehnart und Franz Neyer bringen es auf den Punkt, wenn sie schreiben: „Wir ändern uns, weil wir uns den Anforderungen des Lebens anpassen. Und wir bleiben, wer wir sind, weil wir dies auf die uns eigene Art und Weise tun."

Natürlich, mit sich selbst befreundet sein macht das Leben nicht einfacher und bequemer, wohl aber erfüllter und reizvoller. Wenn ich auf mein Leben schaue, kann ich ehrlich sagen: Es schenkt einen tiefen Frieden und eine beständige Freude, wenn ich morgens in den Spiegel schaue und den Eindruck habe: Ich bin mir selbst ein Stückchen ähnlicher geworden.

Mut zum Aufbruch

„Woher nimmst du die Gewissheit zu diesem großen Schritt? Du brichst alle Zelte hinter dir ab und gehst in eine Ordensgemeinschaft – dabei hast du dich doch beruflich und privat pudelwohl gefühlt. Woher weißt du, dass das richtig ist?" Diese Frage haben mir zahlreiche junge Erwachsene gestellt, als ich meine Arbeit an der Universität beendete und mich von ihnen verabschiedete, um in die Ordensgemeinschaft der Salvatorianerinnen einzutreten. Die Gespräche stehen mir heute noch lebendig vor Augen, und besonders gut kann ich mich an manche Blicke der Studierenden erinnern: Deutlich war ihnen anzusehen, wie sehr sie sich nach einer Gewissheit für *ihren* Weg sehnten. Doch mit der Gewissheit ist das so eine Sache ...

Natürlich braucht es sowohl eine gute Kenntnis von sich selbst als auch einen guten Überblick über die konkreten Umstände und Gegebenheiten, um zu einer tragfähigen Entscheidung zu finden. Doch was dann in der konkreten Situation wirklich passt, das lässt sich daraus nicht ableiten. Ob ein bestimmtes Verhalten, eine Entscheidung oder Sache stimmig ist, das kann nur im Augenblick intuitiv erspürt werden. Auch der Körper kann hierbei eine Rolle spielen. Wie ein Seismograf teilt er nämlich bisweilen mit, ob eine Entscheidung passt oder nicht. Etwa, wenn sich innerlich etwas verkrampft und hart wird, oder wenn es sich einfach gut anfühlt (vgl. Seite 37–46).

Wie sieht das bei Ihnen aus: Welche Empfindungen stellen sich bei Ihnen ein, wenn eine Situation passt? Wie fühlt es sich an, wenn es nicht passt? Und achten Sie in solchen Momenten (auf) Ihr inneres Gespür?

Genau an diesem Punkt hakt es häufig. Oft trauen Menschen ihrer Intuition und inneren Weisheit nicht, weil sie in ihrem Bedürfnis nach Sicherheit nach klaren Anzeichen für richtig und falsch suchen. Möglicherweise kennen Sie das auch. Anzeichen für ein zu großes Sicherheitsbedürfnis können sein, dass Sie einfach nicht „zu Potte kommen", sondern Ihre Entscheidung immer wieder aufschieben. Oder umgekehrt, dass Sie kopfüber in eine Entscheidung springen, anstatt Ihrem Gespür zu trauen, dass noch Dinge zu klären sind. Vielleicht suchen Sie auch krampfhaft im Gespräch mit anderen nach Antworten. Ich erinnere mich an einen Mann, der in einer Beziehungskrise innerhalb von drei Tagen (!) an sechzehn verschiedene Leute eine Mail schrieb, mit sechs Personen jeweils über eine halbe Stunde telefonierte und sich mit vier Personen traf – und all dies in der Hoffnung, eine Antwort darauf zu bekommen, was er jetzt am besten tun soll …

Auch ich stehe immer wieder in der Gefahr, nicht auf das eigene Gespür zu hören. Wenn ich mich im Nachhinein über eine Entscheidung oder ein Verhalten von mir ärgere, dann muss ich mir oft eingestehen: Eigentlich habe ich gespürt, was gut gewesen wäre, aber ich habe meine Gewissheit verdrängt. Ich habe mich nicht ernst genommen – vielleicht aus einem zu großen Sicherheitswunsch oder aus Angst davor, anzuecken oder am Ende doch falsch zu liegen ... Ganz anders fühlt es sich an, wenn ich auf meine innere Stimme höre. Wenn ich *mir* traue und wenn ich in der Folge *mich* traue, zu mir zu stehen, dann stellt sich ein Gefühl von Kompaktheit ein. Ich habe den Eindruck „Ich bin ich" und dieses Empfinden von Stimmigkeit und Identität belebt mich und schenkt innere Freude und Leichtigkeit.

In solchen Momenten spielt es keine so große Rolle mehr, ob der eigene Einsatz von Erfolg gekrönt ist oder in einer Niederlage mündet. Was allein zählt, ist der Mut, sich *halb-sicher und mit ganzem Herzen* dem Strom des Lebens zu überlassen – im Vertrauen, dass es gut ist, mich einzubringen mit dem, was ich in mir spüre und bin. Wer derart couragiert, das heißt aus vollem Herzen (‚cor' – lat.: Herz) lebt, der ist auf dem besten Weg zur Freundschaft mit sich selbst!

Für das Vorhaben, in der Freundschaft mit sich selbst zu wachsen, lässt sich daraus vor allem die Erkenntnis gewinnen: Kultivieren Sie Vertrauen und Intuition! Wenn Sie Ihrem inneren Gespür in den kleinen, alltäglichen Belangen Glauben schenken und sich trauen, dann werden Selbstzweifel und ein möglicherweise allzu großes Sicherheitsbedürfnis langsam schwinden. Mit der Zeit werden Sie mit wachsender Leichtigkeit Klarheit und Gewissheit in sich selbst finden.

Natürlich, jede Entscheidung, vor allem aber alles Große in Ihrem Leben, verlangt ein Wagnis – ob es etwa um die Liebe zu einem Menschen geht oder um eine berufliche Neuorientierung. Doch darin liegt die Schönheit Ihres Lebens: dass Sie sich einlassen auf dieses großartige Abenteuer namens Leben. Dass Sie mit dem Schiff Ihres Lebens nicht im Hafen liegen bleiben, sondern die Anker lichten und in See stechen. Nur so werden Sie neue, ungeahnte Kontinente entdecken.

Um in einer dynamischen und unsicheren Welt entschieden und erfüllt leben zu können, braucht es Vernunft *und* Glaube. Bei der Vernunft werden Sie mir vermutlich sofort zustimmen. Beim Glauben melden sich vielleicht Zweifel oder Protest. Doch bei bedeutsamen Entscheidungen und tiefgehenden Erfahrungen kommen wir mit der Vernunft und unserer Suche nach klaren Zeichen für richtig und falsch rasch an ein Ende. Sich halb-sicher und mit ganzem Herzen auf das unsichere und bewegte Leben einzulassen setzt voraus, dass wir glauben und vertrauen können.

Unabhängig von einer konkreten Religion oder spirituellen Orientierung möchte ich „glauben" an dieser Stelle mit einem räumlichen Bild beschreiben:

Glauben ist wie das Gehen über eine Brücke, die gerade erst – und zwar Schritt für Schritt – gebaut wird. Wir müssen den jeweils nächsten Schritt wagen. Finden wir im eigenen Innern den Mut, darauf zu vertrauen, dass wir bei diesem Gehen auch gehalten sind, dann befreien wir uns vom Klammergriff der Angst und wagen den „Sprung ins Leben".

„Woher nimmst du die Gewissheit für deinen Aufbruch?", fragten mich Studierende bei meinem Ordenseintritt. Meine Antwort hat einige erst einmal enttäuscht. Sie hatten nämlich auf ein Patentrezept gehofft, wie sie ihren Weg und Lebenssinn erkennen können, um dann einen Fahrplan mit lebenslanger Laufzeit an der Hand zu haben. Doch wohin die eigene Lebensreise geht, das lässt sich immer nur vorläufig erkennen, Schritt für Schritt. Die Schönheit des Glaubens liegt darin, dem eigenen Gespür zu trauen, mutig aufzubrechen und den eigenen Weg im Gehen Schritt für Schritt entstehen zu lassen.

Als ich mich damals von den Studierenden, von meinen Freunden und Kolleginnen verabschiedet habe, wusste ich nicht, dass ich mich drei Jahre später wirklich auf Dauer an die Gemeinschaft der Salvatorianerinnen binden würde. Das große Fest stand unter einem Motto, das ich einer Gedichtzeile von Hilde Domin entlehnt habe: Ich setzte meinen Fuß in die Luft – und sie trug.

4. In einem Tropfen kann sich der ganze Himmel spiegeln

„Brauche ich Religion, um ein sinnerfülltes Leben zu führen?" Meiner Ansicht nach: *Nein!* Ich teile nicht die Meinung mancher Glaubender, die sagen, dass ein Leben, welches mit dem Tod endet, doch nicht sinnvoll sein könne. Warum müssen wir unsterblich sein, um dem Leben einen Sinn zuzusprechen? Im Hier und Jetzt können Menschen ein tiefes und erfülltes Leben führen und bedeutsame Erfahrungen machen, und zwar ohne dass sie an ein Leben über den Tod hinaus glauben.

Zugleich lebe ich persönlich aus der Hoffnung, dass es über die beglückenden und absurden Erfahrungen hinaus etwas Größeres gibt. Ich hoffe auf einen umfassenden Zusammenhang, in den mein kleines Leben und das Leben aller Menschen mit seinem Licht und Schatten, Schönen und Schlimmen eingebettet ist. Und diese Hoffnung auf Gott wirft ein neues Licht auf alles. Sie verleiht dem eigenen Leben und dem ganzen Kosmos einen ungeahnten, grenzenlosen Sinn. Sie lässt mich hier und jetzt anders leben.

Verstehen Sie mich bitte nicht falsch: Ein glaubender Mensch erfährt nichts anderes als andere Menschen, aber er erfährt es *anders*. Dies erlebe ich immer wieder an mir selbst. Denn es ist ja nicht so, dass ich tagtäglich ein von fraglosem Vertrauen und lichter Hoffnung durchflutetes Leben führen würde. Ich kenne auch ganz andere Momente und längere Lebensphasen, in denen mir das Vertrauen abhandenkommt. Wenn ich auf die Zeiten schaue, in denen ich auf die Nähe Gottes baue, und auf jene Zeiten, in denen ich fern von diesem Vertrauen bin, dann kann ich nur sagen: Zwischen diesen Zeiten und inneren Haltungen liegen Welten! Das Leben fühlt sich jeweils ganz anders an!

Auf zwei Punkte, wie durch den Glauben das Leben ein „anderes" wird, möchte ich kurz eingehen. Ich habe sie bereits in der einen oder anderen Weise angesprochen, aber sie erscheinen mir so wichtig, dass ich sie noch einmal zusammenfassen möchte.

Erstens: Im Glauben eröffnet sich ein Horizont, in dem auch die *sinnwidrigen Erfahrungen* ihren Platz haben. Und um diese kommt niemand im Leben herum. Vielleicht scheitert ein Lebensprojekt und in den Händen bleiben nur Scherben zurück. Oder es gibt einen schlimmen Konflikt, der sich nicht bereinigen lässt. Nächte voller Sorge um einen geliebten Menschen ziehen sich endlos hin. Schicksalsschläge und Schuld suchen einen heim. Krankheit und Tod bedrohen das Glück. Oder ein grauer Alltag und triste Tage gehen dahin ohne jeden Schimmer von Licht …

Glauben bedeutet, stets neu aufzubrechen aus Angst, Wut oder Verzweiflung hin zu dem Vertrauen: „Und doch ist Einer, welcher dieses Fallen unendlich sanft in seinen Händen hält." (Rainer-Maria Rilke) Wächst dieses Vertrauen in einem, dann müssen die schmerzhaften und absurden Erfahrungen nicht bis aufs Letzte verstanden oder bewältigt werden. Man muss nicht einfach immer gut drauf sein und zum Club der „Don't worry, be happy"-Kultur gehören. Vielmehr dürfen Situationen und Erfahrungen fremd und schmerzhaft bleiben – dank der Hoffnung, dass jenseits aller Dinge ein Herz ist, das alle Widersprüche vereinen kann. Gott ist wie ein Raum, in dem man aufatmen kann.

Ein Zweites: Ich vergleiche den Glauben gerne mit einer Art von 3-D-Brille, die einem die Augen öffnet für eine ungeahnte Tiefe der Wirklichkeit. Mitten im flüchtigen Alltag lässt sich Ewiges erahnen. Worte lassen sich kaum dafür finden. Doch vielleicht kennen auch Sie solche Momente, in denen plötzlich alles übereinkommt. Augenblicke, in denen Sie spüren, was das Leben in seiner Tiefe ist. Worauf es ankommt. Wer ich bin. Das tiefe Gutsein von allem: All das ist – wenn auch nur ein Lächeln lang – klar. Stille und Frieden kehren ein… In diesen wachsten und lebendigsten Augenblicken des Lebens weiß ich: Dies ist die wirkliche Wirklichkeit! Ich bin daheim in einem grenzenlosen, göttlichen Geheimnis. Ich bin angekommen bei mir selbst – und dieses *Selbst* ist unendlich mehr als das, was ich sonst gerne sein würde oder was andere aus mir zu machen versuchen.

Wem diese Tiefendimension der Wirklichkeit aufgeht, der führt ein „anderes", ein neues Leben. Ein solcher Glaube verwandelt alles, was einem begegnet. Und vor allem verwandelt er das eigene *Ich*: Ich entdecke mich als Angesprochene.

Das Leben spricht zu uns. Keine Situation ist neutral oder gleichgültig. Vielmehr stehen wir in jedem Augenblick vor einer doppelten Möglichkeit: Wir können uns für das Geschenk der Liebe öffnen – oder wir können uns verschließen. David Steindl-Rast bezeichnet es als ein „Erwachen zum Leben", wenn jemand erkennt: „Wenn nicht hier, wo sonst? Wann, wenn nicht jetzt? Jetzt, hier oder nie und nirgends stehen wir vor der letzten Wirklichkeit." In einem Wassertropfen kann sich der ganze Himmel spiegeln.

EIN LOB DER FREUNDSCHAFT

Ich hoffe, Sie haben das Glück, eine gute Freundin oder einen echten Freund an Ihrer Seite zu wissen! Eine Person, die sich mit Ihnen freut, wenn sich Ihr Leben prall und gut anfühlt und Ihnen Dinge leicht von der Hand gehen. Die Ihnen Mut macht, wenn Sie vor einer Herausforderung zurückscheuen, und Ihnen aufhilft, wenn das Leben Ihnen ein Bein gestellt hat. Ein Mensch, der Ihnen Fehler nachsieht und Sie in schwierigen Zeiten nicht im Stich lässt. Mit dem Sie sich streiten und auch wieder versöhnen können. Jemand, der Ihre Träume teilt und Sie bestärkt, immer wieder neu dem Leben die Hand zu reichen. Schlicht: Ein Mensch, auf den Sie bauen können.

Was für ein Geschenk, wenn es solche Menschen in unserem Leben gibt! Und was für eine Bereicherung, wenn wir uns selbst ähnlich wertschätzen und wohlwollend, ähnlich mitfühlend und unterstützend begegnen. Denn schließlich sind *wir selbst* der Mensch, mit dem wir rund um die Uhr zusammenleben und mit dem wir vom ersten bis zum letzten Atemzug zu tun haben. Dies macht das Vorhaben, mit sich befreundet zu sein, natürlich nicht immer leicht, dafür aber umso lohnender.

Schließen wir Freundschaft mit uns selbst, dann befreien wir uns von dem irrsinnigen Selbstoptimierungsdruck, schöner, cooler, erfolgreicher, beliebter, wohlhabender oder sonst wie anders sein zu müssen. Dann können wir auf eigene Schwächen und Fehler stoßen, ohne dass wir uns deswegen niedermachen, uns klein und unansehnlich fühlen oder vor lauter Selbstmitleid zerfließen. Wir lassen Schritt für Schritt jene Bilder los, in die wir uns zu pressen versuchen, und lernen, mit uns selbst zurechtzukommen, genauso wie wir *sind*.

Vertieft sich die Freundschaft mit uns selbst, dann hören wir auf, unsere Interessen und Stärken zu vernachlässigen, und entwickeln ein Gespür für das, worauf es uns ankommt. Wir werden heimisch in unserem Leben und gestalten kraftvoll unsere Gegenwart.

Anders gesagt: Mit sich selbst befreundet zu sein bedeutet, dass wir uns selbst etwas wert sind und dass wir uns in dieser Haltung auf das Leben einlassen – im Vertrauen, dass es gut ist, uns einzubringen mit dem, was wir in uns spüren und wer wir sind.

Dies meint keineswegs, einen klebrigen Zuckerguss über jedes und alles zu gießen. Im Gegenteil: Es gibt genügend Stoff, um mit sich, mit der eigenen Vergangenheit oder dem Leben im Streit zu liegen! Verweigern wir uns dem, was das Leben uns an Schmerz und Ernüchterung, an Paradoxem und Negativem zumutet, dann werden wir uns selbst zum größten Feind. Zur Debatte steht daher nicht, *ob* wir mit uns oder dem Leben streiten, sondern *wie* wir streiten. Und damit eng verflochten: ob wir auch eine Versöhnungskultur mit uns kennen und einen inneren Friedensvertrag mit den schmerzlichen Kapiteln unserer Geschichte schließen.

Das Gute ist: Um sich mit sich selbst (mehr) anzufreunden, brauchen wir nur wenig. Eigentlich brauchen wir nur uns selbst. Der Ort und die Zeit ist für alle der gleiche: Der Ort ist der konkrete Alltag und die Zeit ist das *Jetzt*. Beginnen Sie einfach dort, wo Sie sind. Und wenn Sie glauben, dass dies zu schwer oder die gesellschaftlichen Gegenströmungen zu mächtig sind, dann begegnen Sie *dieser* Einschätzung mit freundlicher Aufmerksamkeit. Dann bietet Ihnen genau *dieser* Augenblick die Gelegenheit, sich auch mit Ihrem Zögern und Zweifeln offen und bejahend zu begegnen.

Ich danke Ihnen, dass Sie sich mit mir auf den Weg gemacht haben, Schritte zur Freundschaft mit sich selbst zu erkunden. Ich selbst bin eine Reisende auf dem Weg dorthin und hoffe, dass ich Ihnen mit diesem Buch manche Winke und Anregungen geben konnte. Denn es schenkt einen tiefen Frieden und eine beständige Freude, wenn Sie morgens in den Spiegel blicken und dabei den Eindruck gewinnen: „Ich bin mir selbst ein Stückchen ähnlicher geworden."

In Ihrem Innern und im Innern eines jeden Menschen leuchtet ein göttliches Licht. Das Leben ist die Einladung, es in sich und in anderen zu entdecken und aufstrahlen zu lassen.

Ein Bettler hatte mehr als dreißig Jahre am Straßenrand gesessen. Eines Tages kam ein Fremder vorbei. „Hast du mal 'ne Mark?", murmelte der Bettler und hielt mechanisch seine alte Baseballmütze hin. „Ich hab dir nichts zu geben", sagte der Fremde und fragte dann: „Worauf sitzt du da eigentlich?" „Ach", antwortete der Bettler, „das ist nur eine alte Kiste. Da sitze ich schon drauf, solange ich zurückdenken kann." „Hast du da mal reingeschaut?", fragte der Fremde. „Nein", sagte der Bettler, „warum auch? Es ist ja doch nichts drin." „Schau hinein", drängte der Fremde. Es gelang dem Bettler, die Kiste aufzubrechen. Voller Erstaunen, Unglauben und Begeisterung entdeckte er, dass die Kiste mit Gold gefüllt war.

DANK

Viele Menschen haben mich bei der Entstehung dieses Buches inspiriert, unterstützt und ermutigt. In besonderer Weise danke ich Dr. Bernhard Bürgler SJ, Dr. Andreas Knapp, Bettina Marx und Josef Maureder SJ für ihren kritischen Blick und viele wertvolle Hinweise. Ebenso gilt mein großer Dank dem Leiter des adeo Verlags und Lektor Stefan Wiesner und der Lektorin Dorothea Bühler für ihre vielfältigen und wertvollen Anregungen und für die vertrauensvolle Zusammenarbeit.

LITERATURHINWEISE

Brené Brown, Verletzlichkeit macht stark. Wie wir unsere Schutzmechanismen aufgeben und innerlich reich werden, Kailash 2013.

Kristin Neff, Selbstmitgefühl. Wie wir uns mit unseren Schwächen
versöhnen und uns selbst der beste Freund werden, Kailash 2012.

Wilhelm Schmid, Mit sich selbst befreundet sein. Von der Lebenskunst im Umgang mit sich selbst, Suhrkamp 2007.

Melanie Wolfers, Die Kraft des Vergebens. Wie wir Kränkungen
überwinden und neu lebendig werden, Herder 2. Auflage, 6. Nach-
druck 2016.

Melanie Wolfers, Dr. theol., Mag. Phil., geboren 1971, studierte Theologie und Philosophie in Freiburg und München und arbeitete anschließend als Hochschulseelsorgerin in München.

2004 trat sie in den Orden der Salvatorianerinnen in Österreich ein. Seitdem lebt sie in Wien und engagiert sich vielfältig in der Beratungs- und Bildungsarbeit.

Melanie Wolfers schöpft aus ihrer langjährigen Erfahrung als Seelsorgerin, ist Autorin höchst erfolgreicher Bücher und gefragte Referentin.

www.melaniewolfers.de
www.impulsleben.at
www.salvatorianerinnen.at

Wir danken den folgenden Verlagen für die Erteilung der Abdruckgenehmigung.

S. 31/32 Erich Fried, Dich. Aus: Es ist was es ist © Verlag Klaus Wagenbach, Berlin 1983.
S. 89 „Laudes". Aus: Andreas Knapp, Brennender als Feuer. Geistliche Gedichte © Echter Verlag Würzburg 7. Auflage 2014, S. 35.
S. 97 „Vesper". Aus: Andreas Knapp, Brennender als Feuer. Geistliche Gedichte © Echter Verlag Würzburg 7. Auflage 2014, S. 36.
S. 155 Hilde Domin, Wen es trifft. Aus: dies., Gesammelte Gedichte. © S.Fischer Verlag GmbH, Frankfurt am Main 1987.
S. 218 Aus: Tolle, Eckhart: „Jetzt! Die Kraft der Gegenwart". J. Kamphausen in J. Kamphausen Mediengruppe GmbH, 2010.

MIX
Papier aus verantwortungsvollen Quellen
FSC
www.fsc.org   FSC® C014496

Copyright © 2016 adeo Verlag
in der Gerth Medien GmbH, Dillerberg 1, 35614 Asslar

1. Auflage Oktober 2016
2. Auflage Januar 2017
3. Auflage Februar 2017
4. Auflage April 2017
5. Auflage November 2017
Bestell-Nr. 835113
ISBN 978-3-86334-113-8

Umschlaggestaltung: Gute Botschafter GmbH, Haltern am See
Innengestaltung: Maike Michel
Satz: Uhl + Massopust, Aalen
Druck und Verarbeitung: GGP Media GmbH, Pößneck
Printed in Germany

www.adeo-verlag.de